Gernot Schneider
Wirtschaftswunder DDR - Anspruch und Realität

*Für Rosemarie,
Germar und Welfhard*

Zweifel muß nichts weiter sein als Wachsamkeit, sonst kann er gefährlich werden.   *Lichtenberg*

Inhalt

Vorwort 11

I. **Die Wirtschaftspolitik der SED-Führung** 15
1. Das Wechselspiel von Macht- und Wirtschaftspolitik 15
2. Wirtschaftspolitik im Zeichen des Klassenkampfes 20
2.1 Die Kollektivierung der privaten Landwirtschaft 20
2.2 Das Errichten einer staatseigenen industriellen Basis 20
2.3 Der Aufbau eines staatseigenen Binnenhandels 22
2.4 Die Zurückdrängung des privaten Handwerks................................. 23
2.5 Die Durchsetzung des staatlichen Außenhandels- und Valutamonopols 24
2.6 Die Besetzung der Führungspositionen in der Wirtschaft 27
2.7 Die Einführung der zentralstaatlichen Wirtschaftsplanung 28
2.8 Der Bau der Mauer am 13. August 1961 37

II. **Bewertungsmaßstäbe für Wirtschaftspolitik** 39

III.	Die Wohnungsfrage als soziales Problem	51
1.	Geschichtlicher Hintergrund	51
2.	Die quantitative Entwicklung	54
3.	Die qualitative Entwicklung	58
4.	Gesamtbewertung	66

IV.	Arbeit und Einkommen	71
1.	Der Produktionsfaktor Arbeit	71
2.	Die Zunahme der Schichtarbeit	74
3.	Erholungsmöglichkeiten und betriebliche Sozialleistungen	77
4.	Private Geldeinkommen	84
5.	Gesamtbewertung	87

V.	Umwelt und Umweltpolitik	89
1.	Die offizielle Umweltschutzpolitik seit 1970	89
2.	Die Umweltsituation	95
2.1	Die Luft	95
2.2	Der Wald	100
2.3	Das Wasser	104
3.	Gesamtbewertung	115

VI.	Der private Verbrauch	117
1.	Askese oder entwickelter privater Verbrauch?	117
2.	Besonderheiten des privaten Verbrauchs und seiner Quantifizierung	120
3.	Verkäufe an die Bevölkerung	124

4.	Der Pro-Kopf-Verbrauch an Nahrungsmitteln	130
5.	Die Haushaltausstattung mit Konsumgütern	133
6.	Gesamtbewertung	139

VII. Ausblick 142

1. Festhalten am orthodoxen Marxismus-Leninismus 147
2. Die Position zwischen doktrinärem Marxismus-Leninismus und dem neuen Denken 153
3. Übernahme der ordnungspolitischen Grundlinie der sozialen Marktwirtschaft 161

VIII. Literaturverzeichnis 166

Vorwort

Als die »Schweiz« oder den »Goldenen Westen« des Ostens bezeichnet man hierzulande unter Verweis auf das pro Kopf bereitgestellte Sozialprodukt gelegentlich die DDR, um deren Wirtschaftskraft einprägsam zu umreißen.
Einige Ostexperten hielten schon Anfang der sechziger Jahre die Zeit für gekommen, vom »Wirtschaftswunder DDR« zu sprechen und ihr einen Platz unter den ersten zehn Industrienationen der Welt einzuräumen. Die SED-Führung griff diese Wertschätzung geschmeichelt auf. Nur für die Mehrheit der Betroffenen, die Deutschen in der DDR, bedeutet solches Lob wenig. Sie empfinden es eher als beabsichtigte oder gedankenlose Irreführung der politischen Öffentlichkeit. Ist das undankbar oder ungerecht?
Gewiß, Vergleiche hinken fast immer. Doch aus dem Geldwert des DDR-Sozialprodukts (produziertes Nationaleinkommen) auf die Wirtschaftskraft allgemein und die Lebensumstände im besonderen zu schließen, widerspricht den Tatsachen. In Zentralverwaltungswirtschaften herrschen eigene Gesetze.
Ich habe es mir deshalb zur Aufgabe gemacht, erstens den Zusammenhang zwischen Wirtschaftspolitik, Wirtschaftswachstum und realsozialistischer Machtpolitik zu verdeutlichen. Wer diese dialektische Beziehung erfaßt, besitzt auch den Schlüssel, um die Risiken und Chancen eines »Wandels« im Ostblock, beispielsweise der von Gorbatschow eingeleiteten Reformpolitik, sicherer beurteilen zu können.
Zweitens sollen Antworten darauf gegeben werden, wie sich realsozialistisches Wirtschaften in der DDR für die Menschen auszahlt, ob das Wachstum des Sozialprodukts zu adäquaten

Fortschritten in der allgemeinen Lebensqualität führt. Dazu werden die Entwicklungen auf den Gebieten »Wohnen«, »Arbeiten«, »Umwelt« und »privater Verbrauch« der letzten zwanzig Jahre näher untersucht. Dabei liegt das Schwergewicht weniger auf einer jahresbezogenen statistisch-tabellarischen als vielmehr auf einer globalen Darstellung der Lebensbedingungen in der DDR, um die Aufmerksamkeit nicht von den grundsätzlichen Fragestellungen abzulenken.
Drittens wird versucht, denkbare Varianten der künftigen SED-Wirtschaftspolitik zu umreißen, um den Rahmen für die Lebensstandardentwicklung abzustecken.
Befassen sich Bundesdeutsche mit dem Wirtschaftssystem der DDR und dessen Ergebnissen, dann wohl nicht nur deshalb, um ihr allgemeines nationalökonomisches Interesse an Wirtschaftsabläufen im deutschsprachigen Raum (wie etwa der Schweiz oder Österreichs) zu befriedigen. Das Vertrautmachen mit dem wirtschaftlichen Geschehen im anderen Teil Deutschlands bedeutet immer auch, bewußt oder unbewußt, über das Kennenlernen eines völlig anderen Gesellschaftsmodells auf deutschem Boden, eine nationale Herausforderung. Das reizt geradezu zum Vergleichen. Es geschieht auch hier mit der Absicht, zum besseren Verständnis der Zusammenhänge beizutragen.
Innerdeutsche Vergleiche sind von hoher politischer Brisanz. Zum Schicksal unseres geteilten Volkes gehört es, plausibles Material für allgemeingültige Systemvergleiche zu liefern. Dafür findet man in Europa kein zweites Beispiel. Die Resultate des Wirtschaftens der Deutschen in Ost und West stehen deshalb zugleich stellvertretend für das Potentialentfaltungsvermögen unterschiedlicher sozialer und Wirtschaftsordnungen.
Obwohl im Hinblick auf die Lebensqualität in Deutschland die Vorzüge der sozialen Marktwirtschaft und des demokratischen Gemeinwesens der Bundesrepublik in diesem Buch deutlich zutage treten, ist es nicht sein Anliegen, beim Leser Häme gegenüber den Deutschen auf der anderen Seite zu erzeugen. Unser Volk kennt seit 1945 nicht nur die Gunst der Spätgeborenen, sondern auch die Gunst des Geburtsortes.
Im Spiegel der DDR-Verhältnisse sollte ein wenig mehr anerkannt werden, was in der Bundesrepublik Deutschland geleistet

wurde, und sich die Bereitschaft festigen, unsere Wirtschaftsordnung, im Bewußtsein neuer großer Herausforderungen, fürderhin effizient zu halten.

Jene aber, die hier an verantwortlicher Stelle wirken und mit den politischen Kräften der DDR Umgang pflegen, mögen sich ermutigt fühlen, entschlossen für die Deutschen drüben einzutreten und darauf hinzuwirken, daß sich das »neue Denken« auch dort endlich Bahn bricht.

Berlin-Kladow, Sommer 1988

I. Die Wirtschaftspolitik der SED-Führung

1. Das Wechselspiel von Macht- und Wirtschaftspolitik

Unmittelbar nach Kriegsende waren die Kommunisten darum bemüht, in Deutschland eine Gesellschaftsordnung nach sowjetischem Vorbild zu etablieren. Davon träumten sie, wie Erich Honecker im September 1987 rückblickend in einem Gespräch mit finnischen Journalisten kundtat. Doch als sich der Traum vom einheitlichen kommunistischen Deutschland nicht erfüllen ließ, weil die Realitäten dem entgegenstanden, konzentrierten sich alle Anstrengungen auf die Sowjetisch besetzte Zone (SBZ), wo der sowjetische Kommunismus (Bolschewismus genannt) im reinen Wortsinn Fuß gefaßt hatte.
Waren in diesem Teil Deutschlands die Bedingungen dafür günstiger? Welche sittlich wie geistig-moralischen Voraussetzungen existierten für den Bolschewismus, den Lenin einmal als die Übersetzung der Marxschen Theorie aus dem Lateinischen ins Russische bezeichnete, in Mitteldeutschland? Wie präsentierte er sich den Deutschen und welche Akzeptanz konnte man erwarten?
Der Bolschewismus führte sich in der SBZ zunächst und in erster Linie als kompromißlos nationale Interessen wahrende Besetzungsmacht auf und ein. Entgegen der Leninschen Lehre, wonach das klassenbewußte Proletariat einem revolutionären Krieg, der revolutionären Vaterlandsverteidigung nur zustimmen könne, wenn auf alle Annektion von Territorien in der Tat und nicht nur in Worten verzichtet würde, büßte Deutschland zugunsten der Sowjetunion mehr als 114 000 km² seiner Ostgebiete ein (gerechnet in den Grenzen von 1925). Ein Territorium, größer als die SBZ, ging verloren und eine der umfangreichsten Umsiedlungsaktionen in der Geschichte war die Folge.

Die Umsiedlung von Millionen Deutscher — allein in Mitteldeutschland suchten mehr als vier Millionen eine neue Heimat — war für die Betroffenen ein schwerer Schicksalsschlag. Flankierend zur Vereinnahmung eines Viertels deutschen Staatsgebietes fand unverzüglich die Demontage zunächst der Berliner und später der übrigen mitteldeutschen Industrie statt. Der ersten Demontagewelle von Mai bis Juli 1945 fielen etwa 460 Berliner Betriebe zum Opfer, rund 75 Prozent der damals noch vorhandenen Kapazitäten. Insgesamt soll Mitteldeutschland nach hiesigen Schätzungen im Vergleich zu 1936 durch Demontage verloren haben: 82 Prozent der Walzwerke, 80 Prozent der eisenschaffenden Industrie, 75 Prozent der Hohlziegelerzeugung, 45 Prozent der Zementindustrie, 45 Prozent der Papiererzeugung, 35 Prozent der Energieerzeugung, 30 Prozent der Schuhindustrie, 25 Prozent der Textilindustrie wie der Zuckererzeugung, 20 Prozent des Braunkohlenbergbaus und 19 Prozent der Brikettfabriken. Die Kriegsschäden einbezogen wurden auf diese Weise ca. 50 Prozent der industriellen Kapazitäten eingebüßt.
Von nahezu allen wichtigen Eisenbahnstrecken wurde das zweite Gleis konfisziert. Ein Schlag, von dem sich der mitteldeutsche Personen- und Güterverkehr nur mühsam erholte.
Offiziell beziffert man die Reparationen an den sowjetischen Sieger mit 4,3 Milliarden Dollar, hiesige Schätzungen sprechen hingegen von 15 bis 18 Milliarden Dollar. Außerdem fielen Besetzungskosten an. Allein für das Jahr 1949 wird deren Höhe offiziell auf 2,2 Milliarden Mark veranschlagt.
Die neue Ordnung führte sich somit wenig verheißungsvoll ein. Da die Westzonen dem sowjetischen Zugriff entgingen, schien die mitteldeutsche Bevölkerung im Verein mit den vertriebenen Ostdeutschen den Krieg gegen die Sowjetunion allein verschuldet und verloren zu haben. Die Verbitterung gegenüber diesem Sieger, der Fortschritt bringen wollte, jedoch Armut verbreitete und die Nation ideologisch wie auch faktisch zu teilen drohte, war groß.
Doch Stalin wollte darauf keine Rücksicht nehmen. Ihm ging es um Machtpolitik, um das politische Überleben des realen Sozialismus. Das geistige und wirtschaftliche Potential der SBZ bildete einen gewichtigen Posten in diesem Kalkül. Auch deren

geostrategische Lage, die als Tor zum europäischen Westen dienen konnte. Deshalb wurden bereits in den ersten Monaten der Nachkriegsohnmacht die entscheidenden machtpolitischen Weichenstellungen vorgenommen, wie das Beispiel der Einheitsparteigründung anschaulich belegt:
Die russischen Streitkräfte brachten in ihrem Gefolge auch einige hundert deutsche Kommunisten und Widerstandskämpfer zurück nach Berlin, die den Krieg in der Sowjetunion überlebt hatten. Durch den Befehl Nr. 2 der Sowjetischen Militäradministration in Deutschland (SMAD) vom 10. Juni 1945 stand ihrer politischen Betätigung dort nichts mehr entgegen. Die Bolschewisten bezogen insbesondere die deutschen Kommunisten sofort in politische Verwaltungsaufgaben ein. Bereits am 11. Juni trat das ZK der KPD als erste Partei an die deutsche Öffentlichkeit.
Schon am 19. Juni 1945 schlossen das ZK der KPD und der mitteldeutsche Zentralausschuß der SPD ein Aktionsabkommen, in dem sie sich zur politischen Zusammenarbeit verpflichteten beim Aufbau einer antifaschistisch-demokratischen Republik. Das Aktionsprogramm bildete den Einstieg, um die mitteldeutsche Einheitsgewerkschaft (FDGB) und die separate Einheitspartei zu gründen.
Auf Initiative der KPD und unter dem Druck der Besetzungsmacht veranstalteten die Führungsgremien von SPD und KPD im Dezember 1945 eine Konferenz, die die Verschmelzung beider Parteien beschloß. Im April des Folgejahres, kaum ein Jahr nach Kriegsende, tagte dann der sogenannte Vereinigungsparteitag, an dem 548 sozialdemokratische und 507 kommunistische Delegierte teilnahmen, die rund 680 000 sozialdemokratische und 620 000 kommunistische Parteimitglieder der SBZ vertraten. Die Sozialistische Einheitspartei Deutschlands (SED) erblickte das Licht der Welt. Mit ihr sollten die sozialdemokratischen Traditionen Mitteldeutschlands dem sowjetischen Machtanspruch geopfert werden. In letzter Konsequenz kam dieser Vereinigungsparteitag einem politischen Staatsstreich gleich. Sein Ziel war nämlich die Liquidierung der SPD, jener politischen Kraft, die auf lange Traditionen in der Arbeiterschaft verweisen konnte, und deren Repräsentanten mit dem Begründer des sowjetischen

Sozialismusbeispiels, mit Lenin, konsequent im politischen Meinungsstreit lagen. Die marxistisch-sozialdemokratischen Kritiker am Bolschewismus sollten in der Umarmung mit der KPD zum Schweigen gebracht werden, weil sie den politischen Ambitionen Stalins im Wege standen. In der Tat richteten sich in der Folgezeit alle bald einsetzenden internen Säuberungsaktionen der SED gegen ehemalige SPD-Mitglieder oder gegen den sozialdemokratischen Geist in der Partei. Letzten Endes war damit das Schicksal der SBZ und das ganz Deutschlands besiegelt. Stalin trug so der Einsicht Rechnung, daß sein Sozialismusmodell, vor wie nach dem Krieg, in Deutschland nicht mehrheitsfähig war, auch wenn die Deutschen unter dem Eindruck der Kriegsfolgen Bereitschaft zeigten, über Alternativen zur Gestaltung ihrer politischen Ordnung nachzudenken.

Die politische Machtfrage entschied sich in der SBZ, gestützt auf die sowjetische Militäradministration, relativ früh. Die frisch gegründete SED, nach ihrem Selbstverständnis eine internationalistische, kommunistische Kampfpartei neuen Typs, begann ihre Alleinherrschaft. Schon 1948 gehörte jeder achte erwachsene Einwohner (1,8 Millionen Mitglieder) dieser den Führungsanspruch realisierenden Partei an. Zum Vergleich: In der Sowjetunion war 1987 jeder Zehnte Mitglied der KPdSU.

Politisch stand außer Zweifel, daß die SBZ sozialistisch werden sollte. Doch die Verwirklichung dieses Ziels gegen den Willen der Mehrheit blieb schwierig, solange die innerdeutschen Grenzen offen waren und die SED nicht die absolute Führerschaft über die maßgeblichen Wirtschaftsabläufe besaß. Hier kreuzten sich Macht- und Wirtschaftspolitik. Die SED mußte sich der Kommandohöhen der Wirtschaft, wie Lenin das nannte, bemächtigen, denn Stalin konnte auf das mitteldeutsche Wirtschaftspotential nicht verzichten. Bereits 1931 hatte er bedauernd festgestellt, die Sowjetunion läge hinter den fortgeschrittenen Ländern um fünfzig bis hundert Jahre zurück. Diese Distanz müsse in zehn Jahren durchmessen werden, oder man würde zermalmt. Dabei fürchtete er vor allem die Folgen weiterer wirtschaftlicher wie technischer Isolation, weil sie das negative Bild des Realsozialismus in der Welt zu verfestigen drohten. Gorbatschow bestätigte in seiner Festrede zum 70. Jahrestag der

Oktoberrevolution beinahe emphatisch diese, wie er es nannte, schicksalhafte Situation, die damalige Gefahr, bestenfalls nur als heroisches, jedoch mißglücktes gesellschaftliches Experiment zu enden. Schließlich beschäftigte die sowjetische Industrie auch im Jahre 1940 nicht mehr als 14 Millionen Menschen, bei 192 Millionen Einwohnern.

Die Ergebnisse des Zweiten Weltkrieges boten Stalin die historische Chance, sein Land aus der existenzbedrohenden wirtschaftlichen wie geistigen Ausgrenzung zu befreien. Die mitteldeutsche Wirtschaft war für die Überwindung der Rückständigkeit Sowjetrußlands, insbesondere für die Industrialisierungserfordernisse dieses riesigen Raumes unverzichtbar. Sie repräsentierte den hohen Standard westlicher Industrieländer, mit all den damit verknüpften Traditionen zu disziplinierter, verantwortungsvoller und qualifizierter Arbeit. Die Eingliederung Mitteldeutschlands in die russische Einflußsphäre erschloß der Sowjetunion westliche Wirtschafts- und Technikquellen. Ihre wirtschaftlichen Außenbeziehungen, bis 1945 unbedeutend, wuchsen nominal von 1,3 Milliarden Rubel (1946) über 10,1 Milliarden Rubel (1960), 94,1 Milliarden Rubel (1980) auf den bisherigen Höchstwert von 141,6 Milliarden Rubel (1985), während sie seitdem infolge des Verfalls der Rohölpreise auf 128 Milliarden Rubel (1987) zurückgingen. Nicht grundlos bezeichnete Gorbatschow deshalb in seiner bereits erwähnten Festrede die Herausbildung des sozialistischen Weltsystems vor vierzig Jahren als den wichtigsten Markstein in der Weltgeschichte seit der Oktoberrevolution. Es war sicherlich nicht unwesentlich auch deutschen Beiträgen zu verdanken, daß die Sowjetunion, obwohl sie durch den Krieg 30 Prozent ihres Volksvermögens verloren hatte, bereits 1948, weit vor der SBZ, den Stand der Vorkriegsproduktion wieder erreichte und ihn 1950 um 73 Prozent übertraf.

Stalin und seine deutschen kommunistischen Verbündeten waren sich einig, daß unter den gegebenen Bedingungen die politische Unterwerfung der mitteldeutschen Wirtschaft, daß die Instrumentalisierung des wirtschaftlichen Leistungsvermögens der SBZ zum Nutzen des Weltsozialismus am ehesten nach dem Vorbild des sowjetischen Modells der Leitung und Planung von Staat und Wirtschaft zu bewerkstelligen sei. Nach dem Kampf um die politische Macht bzw. teilweise parallel damit setzte der Kampf um die Herrschaft über die Wirtschaft ein. Die SED-Führung, gestützt auf die sowjetische Besetzungsmacht, ging schrittweise, zum Teil mehrgleisig und sehr konsequent zu Werke.

2. Wirtschaftspolitik im Zeichen des Klassenkampfes

2.1 Die Kollektivierung der privaten Landwirtschaft

Bereits im Herbst 1945, noch unter der Federführung der damaligen KPD, fand, als demokratische Bodenreform bezeichnet, die Enteignung landwirtschaftlichen Großgrundbesitzes statt. Rund 3,2 Millionen Hektar, ein Drittel der gesamten Wirtschaftsflächen, davon etwa 2,5 Millionen Hektar aus ehemaligem Großgrundbesitz, kamen zur Verteilung. Über 400 000 Landarbeiter und Umsiedler erhielten eigene Höfe, weitere 150 000 Bauern und Kleinpächter konnten ihre Wirtschaften durch das Übereignen von Acker-, Weide- oder Waldflächen erweitern. Ferner überführte man eine Million Hektar Land in Staatseigentum und gründete 532 staatseigene Güter (VEG).

Alle Maßnahmen verfolgten das Ziel, möglichem politischem Widerstand auf dem Lande, der die Ernährung der kriegsgeschwächten Bevölkerung empfindlich gefährden konnte, zu begegnen. Die Zahl privater landwirtschaftlicher Betriebe stieg auf mehr als 855 600 (1950) gegenüber 597 000 im Jahre 1939. Doch hatte sich täuschen lassen, wer glaubte, es bestünde die Absicht, das Glück privater Bauern auf Dauer zu fördern. Der politischen Herrschaft über die landwirtschaftliche Produktion wegen wurden diese Privatbetriebe über die Zwangskollektivierung bis 1961 beinahe restlos liquidiert. Heute bewirtschaften nichtprivate Landwirtschaftsbetriebe (1986 rund 470 Staatsgüter und 3 900 landwirtschaftliche Produktionsgenossenschaften) etwa 95 Prozent der landwirtschaftlichen Nutzfläche der DDR.

2.2 Das Errichten einer staatseigenen industriellen Basis

Auf der Grundlage des in Übereinstimmung mit dem Kontrollratsgesetz Nr. 10 vom 20. Dezember 1945 im Juni 1946 in Sachsen veranstalteten Volksentscheids über die Überführung der Betriebe von Kriegs- und Naziverbrechern in sogenanntes Volkseigentum (zunächst auf Länderebene) wurden in Sachsen in großzügiger Auslegung des Gesetzes 1760 Betriebe vollständig und 101 Betriebe anteilig entschädigungslos enteignet. Kurz danach, im August 1946, nahm man das sächsische Plebiszit zur Rechtfertigung, um in der ganzen SBZ (also auch in Thüringen, Mecklenburg, Brandenburg, Anhalt) bis 1947 insgesamt 9 281 Betriebe, einschließlich Transportunternehmen, Banken und Versicherungen, ebenfalls entschädigungslos zu enteignen. Damit stieg die Gesamtzahl der staatseigenen Industriebetriebe (VEB) auf 3 843 an. Zusammen mit den mehr als 200 größten mitteldeutschen Industrieunternehmen, die in Sowjetische Aktiengesellschaften (SAG) umgewandelt worden waren und der Demontage völlig oder überwiegend entgingen, steuerten im Jahre 1947 die Staatsbetriebe (36,8 Prozent) und die SAG (19,5 Prozent) bereits mehr als 56 Prozent und 1948 annähernd zwei Drittel zur mitteldeutschen industriellen Bruttoproduktion bei. Durch zielstrebige Kapitalaufstockung weitete sich dieser Sektor rasch aus und steigerte seinen Anteil auf 77 Prozent (1950) bzw. auf 89 Prozent im Jahre 1952. Dies wurde dadurch unterstützt, daß parallel dazu Bemühungen liefen, die privatwirtschaftlichen Unternehmen aus der Industrie zu verdrängen. Der Finanzminister führte mittels Steuern und Kredit einen entschiedenen Klassenkampf. Gab es 1948 immerhin noch 36 000 vorwiegend mittlere und kleine private Industriebetriebe (einschließlich Bauwirtschaft), von denen rund 70 Prozent weniger als 50 Arbeitnehmer beschäftigten, so veranlaßte die Wirtschaftspolitik der SED viele Unternehmer entweder zur Aufgabe oder zum Verlassen der SBZ/DDR. Schon bis 1950 reduzierte sich ihre Zahl auf knapp 21 000. Im Jahre 1960 existierten noch 7 070, daneben allerdings weitere 5 234 sogenannte halbstaatliche Betriebe, die ab 1956 entstanden, indem der Staat mehr als 50 Prozent der Eigentumstitel ehemals privater Unternehmen erwarb. Weitere zehn Jahre später (1970) waren noch 3 393 private und 6 457 halbstaatliche Industrieunternehmen vorhanden, bis schließlich im März 1972 auch dieser Restposten im industriellen Sektor durch Enteignung in Staatseigentum überging. Die von diesem Streich betroffenen Privatunternehmer bzw. Leiter halbstaatlicher Betriebe, Komplementäre genannt, und deren fast 600 000 Arbeitnehmer bezeichnete man damals in Wirtschaftskreisen, nicht frei von Ironie, als »Märzgefallene«.

So erbrachten 1973 10 200 staatseigene Industriebetriebe die gesamte industrielle Bruttoproduktion, während, infolge rasch voranschreitender Konzentration, daran im Jahre 1986 nur noch 3 449 Betriebe beteiligt waren. Damit erreichte die DDR-Industrie, soweit offiziell ausgewiesen, mit 943 Beschäftigten je Betrieb eine Durchschnittszahl, die vergleichbare Größen der Bundesrepublik Deutschland oder der USA auffällig übertrifft. Beispielsweise betrug die durchschnittliche Beschäftigtenzahl in der Bekleidungsindustrie der DDR 1956 etwa 75 Beschäftigte und 1984 rund 840 Beschäftigte je Betrieb, während in der Bundesrepublik 1983 nur 90 Beschäftigte auf einen Betrieb entfielen.

2.3 Der Aufbau eines staatseigenen Binnenhandels

Machtpolitisch betrachtet, reicht es ja nicht aus, unter SED-Regie zu produzieren, während die Zirkulation privatwirtschaftlich organisiert bleibt. Das gilt für den Groß- wie den Detailhandel. Zuerst entstand in der SBZ auf dem Wege der Enteignung privater Unternehmen der staatseigene Großhandel, weil ihm eine Schlüsselstellung zukam. Bis Mitte 1950 wurden die Deutschen Handelszentralen (DHZ) geschaffen. Sie hatten die Industrie, die Landwirtschaft und den Einzelhandel mit Produktionsmitteln und Konsumgütern zu versorgen. Später entstanden noch weitere Formen staatseigener Großhandelsunternehmen. Bereits 1950 realisierte der staatseigene Großhandel mehr als 67 Prozent und 1965 mehr als 95 Prozent des gesamten Großhandelsumsatzes.

Für die Verkäufe in den Läden und Gaststätten (Einzelhandel) ließ man gemäß Befehl Nr. 176 der SMAD vom 18. Dezember 1945 den Neuaufbau der Konsumgenossenschaften zu. Ende 1945 existierten 5 380 Verkaufsstellen. Fünf Jahre später (1950) erreichte der Konsum 17 Prozent am gesamten Einzelhandelsumsatz.

Ergänzend dazu entstanden 1948 die Verkaufseinrichtungen der Staatlichen Handelsorganisation (HO), die anfangs bevorzugt lang

entbehrte Gebrauchsgüter und Lebensmittel ohne Lebensmittelmarken anboten. Schon 1950 erzielten die knapp 2 300 HO-Läden gut 26 Prozent vom Einzelhandelsumsatz, während es die 219 000 privaten Verkaufsstellen (einschließlich verkaufendes Handwerk) auf einen Umsatzanteil von knapp 53 Prozent (41 Prozent privater Handel, 12 Prozent Handwerk) brachten. Bis 1960 stieg der Anteil des HO-Umsatzes in den nunmehr 35 000 Geschäften auf über 37 Prozent, so daß der sogenannte sozialistische Detailhandel (einschließlich Konsum und Industrieläden) insgesamt mehr als 77 Prozent des Umsatzes bestritt. Die rund 140 000 privaten Geschäfte hatte man inzwischen auf einen Anteil von gut 16 Prozent abgedrängt. Der Rest, knapp 7 Prozent, entfiel auf den seit 1956 eingeführten Kommissions- bzw. halbstaatlichen Handel. Zehn Jahre weiter (1970) sank die Zahl der Privatgeschäfte und Gaststätten auf 48 000 und deren Umsatzanteil auf 10 Prozent, während er 1987 mit 25 600 Geschäften und Gaststätten nur noch bei 8,5 Prozent lag. Die rund 90 000 Läden des sozialistischen Handels, darunter 1 250 Supermärkte, brachten 1986 indessen fast 89 Prozent des gesamten Detailhandels auf.
Dem weiteren Rückgang des privaten Anteils versucht die politische Führung durch einen Beschluß zur Leistungsförderung privater Einzelhändler und Gastwirte vom März 1988 zu begegnen.

2.4 Die Zurückdrängung des privaten Handwerks

Infolge einer Wirtschaftspolitik, die entweder zur Geschäftsaufgabe oder zur Flucht trieb oder in die seit 1953 zugelassenen handwerklichen Produktionsgenossenschaften führte, reduzierte sich die Zahl der privaten Handwerksbetriebe von beinahe 304 000 (1950) auf gut 173 000 im Jahre 1960. Demgegenüber wuchs in der vergleichbaren Zeit die Zahl der Produktionsgenossenschaften von 47 (1953) auf fast 3 900. Zehn Jahre später (1970) gab es nur noch 116 000 selbständige Handwerker, aber 4 500 Genossenschaften.
Chronische Schwierigkeiten im Dienstleistungssektor, verbunden mit dem völligen Niedergang zahlreicher Gewerke, veranlaßten die politische Führung im Februar 1976, Maßnahmen zur För-

derung privater Einzelhandelsgeschäfte, Gaststätten und Handwerksbetriebe zu beschließen. Im Februar 1984 bzw. im Mai 1985 wurden weitergehende, insbesondere kredit- und steuerpolitische Förderungsbeschlüsse verabschiedet. Dessenungeachtet sank die Zahl der Handwerksbetriebe bis 1985 stetig und lag mit 80 601 Betrieben und 260 000 Beschäftigten im Jahre 1986 nur geringfügig über dem bisherigen Tiefstand. Die Neugründungen, allein zwischen 1981 und 1984 erhielten fast 13 500 Handwerker erstmals eine Betriebserlaubnis, konnten diese überwiegend auf natürliche Abgänge zurückzuführende Entwicklung nicht aufhalten. Auch die vergleichbare Zahl der Produktionsgenossenschaften sank auf 2 728, damit dem »sozialistischen Trend« zur Konzentration folgend.
In der Bundesrepublik Deutschland beschäftigen 540 000 Handwerksbetriebe rund vier Millionen Menschen.

2.5 Die Durchsetzung des staatlichen Außenhandels- und Valutamonopols

Innenpolitisch hatte die SED-Führung sich die Schaltstellen der Wirtschaft unterworfen. Während die Staatsbetriebe 1949 am produzierten Nationaleinkommen (Sozialprodukt) zu 53 Prozent beteiligt waren, lag ihr Anteil 1986 bei über 96 Prozent. Oder noch dieser Vergleich: Während der politischen Spitze im Jahre 1950 rund 1,4 Millionen Leiter von privaten wie staatlichen Unternehmen in Industrie, Bau, Handel (einschließlich Gaststätten), Landwirtschaft und Handwerk gegenüberstanden, sank deren Zahl bis 1986 auf etwa 215 000, also auf weniger als ein Sechstel.
Parallel zu diesem Machtgewinn galt es zu verhindern, daß die politische Herrschaft über die Volkswirtschaft durch grenzüberschreitenden, unkontrollierten Zufluß bzw. Abfluß von Waren oder Geld beeinträchtigt, geschweige unterlaufen wurde. Die Volkswirtschaft mußte gewissermaßen nach außen, insbesondere in Richtung Westen, hermetisch abgeriegelt werden. Je besser das gelang, um so größer die machtpolitische Sicherheit: Allerdings um den Preis der Abschottung gegenüber den Signalen der internationalen Märkte, was überwiegend mit sinkender Wettbewerbsfähigkeit einhergeht und den einheimischen Produzenten

auf dem Inlandsmarkt eine bequeme Monopolstellung garantiert. Ganz zu schweigen von der Tatsache, daß unter diesen Bedingungen der wirtschaftlich motivierte Zwang zur Innovation und Diversifizierung entfällt und der Strukturwechsel, mit all seinen Folgen für die Beschäftigung, zur politischen Ermessensfrage abgleitet.

Ihre Erfahrungen auswertend, führten die sowjetischen Besetzungstruppen in der SBZ das Außenhandels- und Valutamonopol ein. Das Außenhandelsmonopol besagt, daß nur die politischen Instanzen das Recht haben zu entscheiden, was, von wem, in welcher Qualität und welchem Umfang eingeführt werden darf bzw. wer, was, an wen auszuführen hat. Nur durch die Monopolisierung der Außenhandelsentscheidungen beim Staat ist es ihm möglich, den Außenhandel uneingeschränkt als außenpolitische Waffe zu handhaben.

Das Valutamonopol verfolgt zwei Stoßrichtungen. Es garantiert einerseits, daß sämtliche internationalen Geldbeziehungen über Einrichtungen des Staates abgewickelt und somit seinen Erfordernissen untergeordnet werden. Unternehmen, die ins Ausland verkaufen, haben keinen Anspruch auf Devisen, sondern sie bekommen einen staatlich festgelegten Betrag in Mark der DDR auf ihre Konten bei der Staatsbank gutgeschrieben. Notwendige Importe werden umgekehrt den Beziehern für Mark der DDR verkauft. Die Verrechnung mit dem Lieferer erfolgt in Devisen zentral über staatliche Stellen.

Andererseits gehört zum sogenannten sozialistischen Valutamonopol, daß die politische Führung die Inlandsnachfrage monopolistisch beherrscht. Dazu bedarf es des staatlichen Preissetzungsmonopols und einer nichtkonvertierbaren Inlandswährung, deren Aus- und Einfuhr unter Strafe steht. Sind diese Bedingungen gegeben, dann verfügen die Nachfrager auf dem Inlandsmarkt über Geld, das ausschließlich im Inland Kaufkraft besitzt, nur dort gegen Waren und Leistungen eingetauscht werden kann. Ein Ausweichen auf die Angebote anderer Märkte ist grundsätzlich nicht möglich. Wem als privatem Verbraucher das staatliche Angebotsmonopol nicht zusagt oder nicht ausreicht, dem bleibt nur die Freiheit, auf den Kauf zu verzichten und sein Geld

zu sparen, denn kapitalisieren läßt es sich auch nicht. Es gibt keinen Markt für Aktien, Anleihen und dem ähnliches.
Die ordnungspolitischen Lösungen für das Außenhandels- und Valutamonopol in der SBZ/DDR entstanden bis Oktober 1949. Anfangs erteilte, um mit dem Außenhandelsmonopol zu beginnen, die Verwaltung für Außenhandel bei der Sowjetischen Militäradministration Export- und Importgenehmigungen. Sie leitete auch die Aufnahme von Handelsbeziehungen zum Ausland ein. Später wurde auf Befehl Nr. 138 vom 4. Juni 1947 der SMAD die Deutsche Verwaltung für Interzonen- und Außenhandel gegründet, die einen großen Teil der Aufgaben zur Sicherung des Außenhandelsmonopols übernahm und im Frühjahr 1948 der Deutschen Wirtschaftskommission (DWK) unterstellt wurde. Zur kommerziellen Abwicklung der Geschäfte schuf man dann im April 1948 die Deutsche Handelsgesellschaft mbH mit einem Fachdirektor für die Realisierung der Interzonen- und Außenhandelsverträge. Aus der Handelsgesellschaft gingen schließlich im Juni 1949 die ersten staatlichen Außenhandelsunternehmen hervor, die nach Etablierung der DDR im Oktober 1949 in dem damaligen Ministerium für Innerdeutschen Handel, Außenhandel und Materialversorgung (MIAM) ihre übergeordnete Instanz fanden. In der Folgezeit und bis heute gab es an Variantenreichtum für organisatorische Lösungen keinen Mangel, an der Sache jedoch, am staatlichen Außenhandelsmonopol, wird unbeirrt festgehalten. Es ist Verfassungsgebot seit 1974.
Das Valutamonopol wurde organisatorisch mit der Schließung der alten Banken und Sparkassen sowie der Sperrung aller vor dem 9. Mai 1945 entstandenen Guthaben eingeleitet. Auf Befehl der SMAD vom 23. Juli 1945 über die »Neuorganisation der deutschen Finanz- und Kreditorgane« wurden neue staatliche Provinzial- und Landesbanken sowie Sparkassen geschaffen und damit, zunächst auf Länderebene, die Finanzströme der mitteldeutschen Wirtschaft unter politische Kontrolle genommen. Im Mai 1948 entstand als zentrales staatliches Bankinstitut die Deutsche Emissions- und Girobank. Nach der Währungsreform in der SBZ (24. bis 28. Juni 1948) wurde die Deutsche Emissions- und Girobank in die Deutsche Notenbank umgewandelt und Ende Oktober 1951 zur Staatsbank der DDR erklärt. Verschie-

dene, arbeitsteilig mit der Staatsbank agierende Spezialinstitute kamen hinzu. Die Abwicklung des internationalen Zahlungsverkehrs fiel in den Geschäftsbereich der Deutschen Außenhandelsbank AG bzw. der Deutschen Handelsbank AG.
Auch beim Valutamonopol wandelten sich die Formen seiner Realisierung. Den gegenwärtigen Stand regelt das Devisengesetz vom 19. Dezember 1973 und die dazu erlassenen Durchführungsbestimmungen. Das Valutamonopol ist ebenfalls seit 1974 Verfassungsgebot.

2.6 Die Besetzung der Führungspositionen in der Wirtschaft

Mittels gezielter Personalpolitik gelang es der SED-Spitze, politisch zuverlässige Menschen in Führungspositionen der Wirtschaft zu hieven. Bereits 1946 entstanden entsprechende Ausbildungsstätten (Parteischulen der SED, Vorstudienanstalten). Außerdem gründete man in den staatseigenen Betrieben der primären und sekundären Produktion (ohne Handwerk) zügig SED-Betriebsgruppen. Allein zwischen April 1946 und Mai 1947 verdoppelte sich deren Zahl auf 12 631. Bis August 1948 waren es bereits 14 784 Betriebsparteigruppen, denen fast 37 Prozent (rund 600 000) aller SED-Mitglieder angehörten. Im Jahre 1985 gab es 18 920 solcher Parteigruppen mit über 960 000 Kommunisten (fast 42 Prozent aller 2,3 Millionen Mitglieder).
Das Heranbilden geeigneter Führungskräfte für die Wirtschaft betrachtete die SED von jeher als Schwerpunktaufgabe. Zu diesem Zweck richtete sie im Jahre 1950 die Ostberliner »Hochschule für Planökonomie« ein, um junge Studenten für Führungsaufgaben zu gewinnen bzw. erfahrenen Wirtschaftspraktikern über ein Fernstudium zur Hochschulreife zu verhelfen. Fernerhin entstanden 1954 neun Industrie-Institute, in denen man in drei Jahrzehnten insgesamt 10 000 Arbeitnehmer ohne Hochschulreife auf die Übernahme von Leiterstellen vorbereitete.
Seit 1965 widmen sich das Zentralinstitut für sozialistische Wirtschaftsführung beim ZK der SED und zwölf ihm zugeordnete Institute für sozialistische Wirtschaftsführung verstärkt der Weiterbildung des Führungspersonals der Wirtschaft.
Die SED-Führung betreibt eine in ihrer Rigorosität beinahe

militärisch anmutende Personalpolitik. Berufungen wie Abberufungen von Wirtschaftskapitänen sprechen die dafür zuständigen parteiinternen Instanzen (Kaderkommissionen genannt) aus. Das Heer potentieller Wirtschaftsführer gliedert sich hierarchisch in vier Nomenklaturstufen, wovon die erste Stufe die exklusivste ist. Ihr gehören die Industrieminister und deren Stellvertreter sowie die Generaldirektoren der Kombinate und die jeweiligen Parteisekretäre an. Berufungen in dieser Nomenklaturstufe bereitet das Zentralkomitee der SED vor. Sie bedürfen der Zustimmung durch das Politbüro der SED (sogenannte Politbüronomenklatur). Die Auserwählten sind, wie alle anderen Führungskräfte auch, von der Parteiführung beauftragte und ihr verpflichtete Leiter. Über das Rapportsystem, die operative, ständige, zeitweilige, planmäßige oder außerplanmäßige Berichterstattung, unterliegen sie permanent deren Beobachtung und Kontrolle.

2.7 Die Einführung der zentralstaatlichen Wirtschaftsplanung

Hat die Partei die Kommandohöhen der Wirtschaft erobert und sie mit zuverlässigen Personen besetzt, sind die Voraussetzungen gegeben, um eine auf Machterhalt und Machtabstützung zielende Wirtschaftspolitik durchsetzen zu können. Jetzt heißt es Inhalte bestimmen, müssen nicht irgendwelche, sondern verbindliche Aufträge erteilt und Anweisungen gegeben werden, denn der Betrieb, auf sich gestellt, denkt an den Markt, statt an die Macht.

Das ordnungspolitische Instrument, mit dem sich machtorientierte Wirtschaftspolitik zwingend verwirklichen läßt, ist der Staatsplan. Er verkörpert, auf den Punkt gebracht, komplementär zu offenen oder verdeckten Pressionen, die Zentralgewalt. Mit seiner Hilfe sichert sich die SED-Spitze die Herrschaft über die Wirtschaft und die Durchsetzung des Prinzips vom Vorrang der Politik vor der Ökonomie. Denn realsozialistische Wirtschaftspolitik ist praktizierte Politische Ökonomie, bei der machtpolitische Erfordernisse vor volkswirtschaftlichen oder auch einzelwirtschaftlichen Interessen rangieren. Heute steht machtpolitisch die Existenzsicherung unter den Bedingungen der stark vom technischen Fortschritt geprägten Systemauseinandersetzung im Vordergrund. Der Wahlspruch aus dem DDR-Alltag »Mein Arbeitsplatz, mein Kampfplatz für den Sozialismus« soll das zum Ausdruck bringen.

Die Anfänge der staatlichen Wirtschaftsplanung reichen zurück bis in den Herbst 1945. Damals entwarf die SMAD erstmals Vierteljahrespläne zur Steuerung der Produktion strategisch wichtiger Güter (Kohle, Energie, Gas, Brennstoffe). Die Pläne galten für staatliche wie private Betriebe, legten mit der Befehlsgewalt der Besetzungsmacht mittelfristig deren Produktionsprogramm fest. Um aber von solcher Schwerpunktplanung zur volkswirtschaftlichen Gesamtplanung nach sowjetischem Muster übergehen zu können, wurde deutschen Dienststellen mit dem Befehl Nr. 67 vom 4. November 1945 die Aufgabe übertragen, für 1946 volkswirtschaftlich ausgerichtete Vierteljahrespläne zu erarbeiten. Zu diesem Zweck entstanden Ämter für Wirtschaftsplanung bei den Länderverwaltungen, die fortan allen industriellen Betrieben Produktionsbefehle (Planauflagen genannt) erteilen durften, anfangs viertel-, später halbjährlich. Ende 1946 wandelten sich die Länderverwaltungen zu Länderregierungen innerhalb der SBZ, und aus den Planungsämtern wurden Hauptabteilungen für Wirtschaftsplanung.

Um die Zentralgewalt über die Länderhoheit wirkungsvoller in Szene setzen zu können, rief man im Juni 1947 die bereits erwähnte DWK ins Leben. Sie hatte anfangs die Entwicklung der verschiedenen Volkswirtschaftszweige zu planen und zu leiten, ehe sie ab Frühjahr 1948 mit der machtpolitisch notwendigen länderübergreifenden Weisungsbefugnis ausgestattet wurde. Zu diesem Zweck entstand innerhalb der DWK die Hauptverwaltung Wirtschaftsplanung. Der Einstieg in die Zentralverwaltungswirtschaft sowjetischen Typs war schließlich vollzogen, nachdem dieser Hauptverwaltung Wirtschaftsplanung zu jener Zeit der größte Teil der staatseigenen Betriebe als sogenannte zentralgeleitete Industrie plantechnisch direkt unterstellt worden war.

Für 1948 galt erstmals ein Jahreswirtschaftsplan und für 1949-50 ein Zweijahrplan. Danach erweiterte man den Zeitabstand bis zum verbindlichen Fünfjahrplan (1951—1955), der auch heute noch Anwendung findet, nachdem sich Versuche mit einem

Siebenjahrplan (1959—1965) nicht bewährten. Zum Zeitpunkt der DDR-Gründung war, wie bereits betont, die zentralstaatliche Wirtschaftsplanung in den Grundlagen aufgebaut. Aus der Hauptverwaltung Planung und dem Statistischen Zentralamt sowie den Hauptverwaltungen für Wissenschaft und Technik der DWK ging 1949 das Ministerium für Planung hervor. Ein Jahr später wurde es in die Staatliche Plankommission umgewandelt, der es als oberster Planungsbehörde oblag, im Auftrag des ZK der SED und als Mitglied der Regierung die Volkswirtschaftspläne auszuarbeiten und deren Erfüllung systematisch zu kontrollieren.

In der Folgezeit gab es auch auf dem Feld der Wirtschaftsplanung neue organisatorische Lösungen, ohne daß sich an den Grundsätzen etwas änderte. Heute existiert die Staatliche Plankommission selbständig neben der Staatlichen Zentralverwaltung für Statistik, während Wissenschaft und Technik in den Zuständigkeitsbereich eines Ministeriums fallen. Der herausragenden Stellung der Plankommission tat das keinen Abbruch. Sie hat nach wie vor die von der SED-Führung vorgezeichnete Wirtschaftspolitik in Planauflagen für die Unternehmen umzusetzen und deren Realisierung zu überprüfen. Seit 1974 ist die zentralstaatliche Planung in der DDR Verfassungsgebot.

Gewissermaßen die machtpolitischen Korsettstangen zieht die SED-Spitze der Wirtschaft beim Planungsprozeß mit Hilfe zentraler Bilanzen und auf dem Wege direkter Zuteilungen ein. In Verbindung mit dem Außenhandels- und Valutamonopol nehmen die Industrieministerien, Kombinate und Betriebe von der Staatlichen Plankommission unter anderem sogenannte Material-, Ausrüstungs- und Konsumgüterbilanzen (MAK-Bilanzen) in Form von Staatsplanbilanzen (S-Bilanzen) oder Ministerbilanzen (M-Bilanzen) als produktkonkrete Lieferbefehle und (oder) Bezugsansprüche entgegen. In dieser Einheit von Liefer- und Bezugsbeziehungen entscheiden die Bilanzen den Verteilungskampf nicht nur im Hinblick darauf, was wofür produziert werden soll, sondern auch, welche Vorprodukte (z.B. Rohbraunkohle oder Heizöl) und Investitionen in welchem Umfang dafür bereitstehen.

Es leuchtet ein, daß diese direkten Eingriffe in Wirtschaftsabläufe, diese Schwerpunktsetzung, der SED-Führung weitgehenden Spielraum bieten, die Wirtschaft für politische Zwecke, fernab von Effizienzerfordernissen und internationaler Wettbewerbsfähigkeit, einzusetzen. Die Betriebe müssen mit solchen Entscheidungen leben, ohne in den Prozeß der Entscheidungsfindung hinreichend eingebunden zu sein. Da bleiben Interessenkonflikte nicht aus. Die politische Führung sucht dem dadurch zu begegnen, daß sie den Führungsstäben jener Betriebe, die besonders brisante Aufträge zu erfüllen haben, ergänzend zum ohnehin sehr umfangreichen Kontrollapparat spezielle Vertreter politischer (Parteikontrolleure) oder militärischer (Militärabnehmer der Nationalen Volksarmee) Instanzen zeitweilig, wenn nötig auch ständig beiordnet.

Mit Hilfe der zentralen Bilanzen entsteht ein gesamtwirtschaftliches Input-Output-Geflecht, das etwa drei Viertel der industriellen Produktion und nahezu neun Zehntel des Exports in natürlichen Mengenausdrücken (z.B. Tonnen Rohbraunkohle, Liter Dieselkraftstoff) umfaßt. Im Jahre 1972 genügten der zentralen Wirtschaftsplanung 300 S- und weitere 400 M-Bilanzen, um die wirtschaftspolitischen Schwerpunkte abzustecken. Seitdem wächst die Zahl zentraler Bilanzen laufend. 1987 kamen 500 S-Bilanzen, darunter 202 Konsumgüterbilanzen und 700 M-Bilanzen zum Einsatz. Das läßt auf zunehmende Detaillierung wirtschaftspolitisch relevanter Entscheidungen schließen.

Für das Verständnis der machtpolitisch fundamentalen Bedeutung der zentralstaatlichen Wirtschaftsplanung sind neben der Bilanzierung noch folgende zwei Gesichtspunkte wichtig: Erstens wird der Grundsatz der Rechtsgleichheit zwischen der politischen Führung und den Repräsentanten der Wirtschaft in bezug auf die Verbindlichkeit des verabschiedeten Volkswirtschaftsplanes nicht gewahrt. Obwohl dieser Jahresplan mit großem pseudodemokratischen Spektakel im Parlament der DDR zur Debatte steht und als Gesetz verabschiedet wird, an das sich Betriebe, Kombinate und Ministerien strikt zu halten haben, ändert das Sekretariat des ZK der SED diese Planauflagen nachträglich, so oft und so grundlegend wie ihm notwendig erscheint, ohne der Zustimmung des Parlaments oder eines anderen Gremiums zu bedürfen. Das Vertragsgesetz der DDR vom 25. März 1982 regelt deshalb unter § 24, daß der im Parteiauftrag agierende Ministerrat befugt ist, über bestehende Vertragsabschlüsse hinweg, durch »zeitweilig operative Steuerung« verbindliche Planeingriffe vorzunehmen.

Zweitens besteht keine Rechtsgleichheit unter den Bedarfsträgern für Güter und Leistungen der Wirtschaft. Das Wirtschaftssystem der DDR anerkennt sogenannte ständige oder zeitweilige Sonderbedarfsträger. Die ständigen Sonderbedarfsträger gliedern sich in zwei Kategorien. Zur Kategorie I zählen das Ministerium für Nationale Verteidigung, das Ministerium des Innern, einschließlich der paramilitärischen Kampfgruppen und das Ministerium für Staatssicherheit. Sonderbedarfsträger der Kategorie II sind die Staatliche Zollverwaltung, die Staatliche Verwaltung der Staatsreserve, der Ingenieurtechnische Außenhandel (Waffenhandel), die Staatliche Plankommission — Abteilung Regierungsaufträge —, der Betrieb Spezialbau Potsdam (Nationale Volksarmee), die HO-Hauptdirektion Spezialhandel (Sonderversorgung) und der Zentralvorstand der paramilitärischen Gesellschaft für Sport und Technik (GST).

Die hier aufgeführten ständigen Sonderbedarfsträger, denen sich noch verschiedene zeitweilige zugesellen können, beispielsweise verfügt das von Professor Gißke geleitete Sonderbauvorhaben Ostberlin über diesen Status, haben gegenüber der Wirtschaft Anspruch auf bevorzugten Abschluß von Lieferverträgen. Sie können sogar darauf bestehen, daß ihre Bedarfsanmeldung zu Lasten bereits mit Dritten geschlossener Verträge berücksichtigt wird, selbst wenn sie sie im laufenden Planjahr plazieren, also nach der Annahme des Volkswirtschaftsplanes durch das Parlament.

Ein anschauliches Beispiel dafür, wie die SED-Führung mittels Planentscheidungen ihre machtpolitischen Interessen durchsetzte, liefern die Wirtschaftsbeziehungen zur Sowjetunion. Unmittelbar nach Kriegsende wurde systematisch damit begonnen, Mitteldeutschland aus seinem historisch gewachsenen Wirtschaftsverbund mit Westdeutschland herauszulösen. Die Hinwendung auf die sowjetischen Wirtschaftserfordernisse leiteten anfangs die Dienststellen der SMAD ein. Die SED lieferte die ideologische Begleitmusik. Bereits 1947 mahnte sie unter ihren

Mitgliedern die richtige Einstellung zur KPdSU, zum proletarischen Internationalismus an. Und in der Entschließung der 1. Parteikonferenz der SED vom Januar 1949, zu einer Zeit, da noch Tausende deutsche Kriegsgefangene in russischen Lagern arbeiteten, da zahlreiche deutsche Spezialisten und Techniker zwangsverpflichtet in der Sowjetunion tätig und Kriegsreparationen zu entrichten waren, wurde öffentlich Bekenntnis zur sogenannten führenden Rolle der KPdSU abgelegt, und es zur Pflicht jedes Berufstätigen erklärt, die sozialistische Sowjetunion mit allen Kräften zu unterstützen.

Wirtschaftspolitisch traf die SED-Führung öffentlich sichtbar die Entscheidung in dieser Angelegenheit im Herbst 1950 mit dem Beitritt der DDR in den von der Sowjetunion initiierten Rat für gegenseitige Wirtschaftshilfe (COMECON). Er leitete über entsprechende Planauflagen die schrittweise Verschmelzung beider Volkswirtschaften ein, gar so, als hätte die DDR den Status einer sowjetischen Unionsrepublik angenommen. Manche sprachen denn auch von der sechzehnten preußisch-sächsischen Unionsrepublik.

Der DDR-Wirtschaft fielen folgende Aufgaben zu: Sie hatte erstens den bereits angesprochenen Industrialisierungsbedarf der Sowjetunion, den Maschinenbedarf der sowjetischen Landwirtschaft sowie den Bedarf an Transportausrüstungen und Infrastruktureinrichtungen zu decken. Zweitens kam sie als Lieferland für Uranpechblende in Frage, die die Sowjetunion zur Atomwaffenproduktion benötigte. Die dafür geschaffene sowjetisch-deutsche Wismut AG beschäftigte 1948/49 etwa 100 000 Arbeiter, Angestellte und ingenieurtechnisches Personal. Drittens war die mitteldeutsche Wirtschaft als Lieferant von westlichem Techniknistandard von Wichtigkeit. Sie leistete Technologietransfer, auch mit Hilfe des innerdeutschen Handels, im sowjetischen Sicherheitsinteresse, aber zu östlichen Bedingungen und ohne Anspruch auf Devisen. Schließlich sollte die DDR-Wirtschaft viertens die sowjetrussische Wirtschaft von zivilen Aufgaben entlasten, um ihr den Rücken für kriegswirtschaftliche Produktion freizuhalten (z.B. die maritime Aufrüstung).

Um diesen Aufgaben gewachsen zu sein, mußten traditionsreiche Industriezweige und Exportlinien, in Mitteldeutschland vorrangig auf die stark diversifizierte, ausbildungsintensive und materialsparende Fertigwarenindustrie ausgerichtet, zum Teil einschneidend umprofiliert werden. Der sowjetische Markt, dessen Besonderheiten (Klima) und nahezu unbegrenzte Aufnahmefähigkeit definierte sowohl die Strukturen der mitteldeutschen Wirtschaft (Grundstoffindustrie, Elektromaschinenbau, Schiffbau, Fahrzeugbau, Maschinen- und Landmaschinenbau, Transportmaschinen- und Chemieanlagenbau, Motoren- und Getriebeproduktion, sonstiger Industrieanlagenbau usw.) als auch deren Dimensionen. Während im Jahre 1950 an den Lieferungen der DDR in die Sowjetunion Maschinen, Ausrüstungen und Geräte für Produktionszwecke nur mit 28 Prozent beteiligt waren, betrug deren Anteil 1956 bereits 76 Prozent.

Dieser Umgestaltungsprozeß verschlang notwendigerweise riesige Investitionsmittel, bedenkt man, daß allein für den Aufschluß und die jährliche Förderung zusätzlicher 100 Millionen Tonnen Braunkohle damals rund 15 Milliarden Mark nötig waren. Das Gebiet der DDR glich einem einzigen Bauplatz und alle Projekte nahmen gewaltige Ausmaße an. Es war die Zeit der industriellen Gigantomanie. Für die Rekonstruktion bestehender Betriebe, für die Erneuerung und den Ausbau der Infrastruktur oder den staatlichen Wohnungsbau, abgesehen von den Neubauten, die zu den Industriekomplexen gehörten, blieb wenig übrig. Auch an die Gefahren für die Umwelt, die der überproportionale Ausbau der industriellen Großproduktion heraufbeschwor, dachte damals, wie überall, niemand.

Von den Grundstoffen der DDR erhält die Sowjetunion seit längerem beispielsweise das gesamte Uranerz, aus der DDR-Produktion 64 Prozent aller Schiffe, 60 Prozent der Reisezugwagen bzw. der Kühlwagen, 50 Prozent der Werkzeugmaschinen und der Krane.

Im einzelnen gingen u.a. seit 1948 von der SBZ/DDR in die Sowjetunion:

1 700 000 Schreibmaschinen (seit 1960) vom Kombinat Robotron Dresden
  600 000 Getriebemotoren vom Kombinat Elektromaschinenbau Dresden
  200 000 Fernschreiber vom Kombinat Nachrichtentechnik
  120 000 Werkzeugmaschinen, darunter
    7 000 Großdrehmaschinen vom Drehmaschinenwerk Karl-Marx-Stadt
  100 000 Saatgutreinigungsanlagen vom Kombinat Landmaschinen Neustadt

75 000 Schienenfahrzeuge vom Kombinat Schienenfahrzeuge, darunter
38 000 Schienenfahrzeuge (Kühlwagen) vom Waggonbau Dessau
50 000 Dieselmotore vom Schwermaschinenbaukombinat Magdeburg
40 000 selbstfahrende Feldhecksler ⎫
40 000 selbstfahrende Schwadmäher ⎬ vom Kombinat Landmaschinen Neustadt
40 000 Kartoffelerntemaschinen ⎭
40 000 Drucker vom Robotron-Büromaschinenwerk Sömmerda
35 000 Halmfutterkomplexe vom Kombinat Landmaschinen Neustadt
34 000 LKW W50 vom Automobilbau Ludwigsfelde
10 000 Buchungs- und Fakturierautomaten »Robotron 1720« vom Büromaschinenwerk Sömmerda
10 000 Verpackungsmaschinen vom Kombinat Nagema Leipzig
5 000 Strickmaschinen vom Strickmaschinenwerk Karl-Marx-Stadt
5 000 Membranpumpen vom Betrieb Thuringia Sonneberg
3 700 Hochsee- und Binnenschiffe in 76 Typen, darunter
2 700 Fischereischiffe in 28 Typen, davon
1 332 Fischereischiffe von der Volkswerft Stralsund
732 Binnenschiffe von der Elbe-Werft Roßlau
182 Hochseeschiffe von der Mathias-Thesen-Werft Wismar
150 Hochseeschiffe von der Warnowwerft Rostock (seit 1958)
34 Binnenfahrgastschiffe von der Elbe-Werft Boizenburg
10 Schwimmbagger von der Neptun-Werft Rostock
3 000 Raupendrehkrane vom Förderanlagenbau Magdeburg
3 000 Eisenbahnkrane vom Kirow-Werk Leipzig
2 500 Hafenkrane vom Kranbau Eberswalde
1 700 Industrielokomotiven (bis 260 t) vom Lokomotivbau Henningsdorf
1 000 Hydraulikbagger vom Schwermaschinenbau Norbas Nordhausen
750 Fliesenpressen vom Betrieb Thuringia Sonneberg
350 automatische Fertigungslinien für Konservendosen vom Blechbearbeitungswerk Aue
200 Druckmaschinen vom Druckmaschinenwerk Plauen
100 Großrechner (Typ EC 1040) vom Kombinat Robotron Dresden
70 Schaufelradbagger für Tagebaue vom Lauchhammerwerk Lauchhammer
40 komplette Zementwerke vom Schwermaschinenbaukombinat Magdeburg
33 Erdölaufbereitungsanlagen (Jahreskapazität je 3 Millionen t) vom Kombinat Chemieanlagenbau Leipzig
30 komplette Walzstraßen (Jahreskapazität bis zu je 0,5 Millionen t) vom Schwermaschinenbaukombinat Magdeburg.

Die vergleichsweise kleine DDR ist heute der größte Handelspartner der Sowjetunion. Sie hat einen rund 11prozentigen Anteil an deren Außenhandel, doppelt so viel wie beispielsweise die Bundesrepublik Deutschland. Gleichzeitig dominiert die Sowjetunion am Außenhandel der DDR mit etwa 40 Prozent. Der offiziell ausgewiesene Warenaustausch zwischen beiden wuchs nominal von 1,5 Milliarden VM (1950) über 7,9 Milliarden VM (1960) auf 42,6 Milliarden VM (1980) und erreichte 1987 fast 71 Milliarden VM bzw. mehr als 15 Milliarden Rubel.

Der Konzentrations- und Verflechtungsgrad zwischen beiden Staaten wächst ständig. Im Jahre 1987 genügten annähernd 100 Vereinbarungen über Direktbeziehungen zwischen Betrieben und Kombinaten der DDR und der anderen Seite, um rund 45 Prozent der DDR-Exporte in die Sowjetunion abzusichern.

Der machtpolitische Nutzen aus dieser Entwicklung steht für beide kommunistischen Führungsparteien außer Zweifel. Ebenso evident sind die komparativen Vorteile für die Sowjetunion. Denn während sie überwiegend Vorprodukte und Halbfabrikate bzw. Standard- und Stapelware in die DDR lieferte und auch noch liefert (z.B. Erdöl, Erdgas, Schnittholz, Baumwolle, Zellstoff, Traktoren, LKW), bezog und bezieht sie von dort vorrangig speziell für ihre Marktbedingungen ausgerüstete Erzeugnisse, deren Produktivität durchschnittlich mindestens um 30 Prozent über vergleichbaren eigenen liegt. Die Kehrseite der Medaille: Die sowjetischen Massengutlieferungen verursachen im Durchschnitt einen viermal höheren Transportaufwand als die Gegenleistungen der DDR.

Andere Beispiele für machtpolitische Wirtschaftsplanung der SED-Führung wären

— das Kohle- und Energieprogramm von 1957, verabschiedet, um sich von westdeutschen Steinkohle- bzw. Stromlieferungen unabhängig zu machen;

— der Überseehafen Rostock, ab 1957 errichtet, um den Überseeverkehr der DDR nicht mehr via Hamburg abwickeln zu müssen;

— das Chemisierungsprogramm von 1963, das zur Ablösung westlicher Importe den Aufbau einer Petrochemie auf der Basis sowjetischen Erdöls vorsah;

— das Wohnungsbauprogramm von 1973, beschlossen, als der Wohnungsbau in der Bundesrepublik seinen Höhepunkt erreichte und die Wohnbedingungen in der DDR immer kritischer wurden;

— das Programm zum Ausbau Ostberlins von 1976, um der wachsenden Zahl von Westtouristen einen attraktiven Eindruck vom ersten sozialistischen Staat auf deutschem Boden vermitteln zu können (Schaufensterfunktion);

— der Beschluß zur Aufnahme des Eisenbahnfährbetriebes zwischen Mukran (Rügen) und Klaipeda (Memel) von 1980, der das umfangreichste Investitionsvorhaben des COMECON im Verkehrswesen auslöste und von strategischer Bedeutung für den Eisenbahngüterverkehr zwischen der DDR und der Sowjetunion ist;
— die Entscheidung über den Aufbau einer leistungsfähigen Mikroelektronik in der DDR von 1983, um dem COMECON zur technisch-ökonomischen Unangreifbarkeit zu verhelfen.

2.8 Der Bau der Mauer am 13. August 1961

Obwohl die SED-Führung bis 1961 an allen Hebeln der politischen und wirtschaftlichen Macht saß, unangefochten schalten und walten konnte, gelang es ihr nicht, die Menschen für ihre Vorstellungen zu gewinnen. Denn die erlebte und ökonomische Wirklichkeit wich mehr und mehr von dem idealtypischen Bild ab, das die Kommunisten nach dem Kriege enthusiastisch von der Zukunft Mitteldeutschlands gezeichnet hatten. Zwar gab es keine Arbeitslosigkeit, wurde erstmals die 10klassige Polytechnische Oberschule in Deutschland allgemeinverbindlich und auch die medizinische Betreuung war gesichert, aber das allein genügte eben nicht. Militarisierung und Politisierung der Gesellschaft schritten rasch voran. Die Propaganda gegen den zweiten deutschen Staat, die Bundesrepublik Deutschland, in der viele Verwandte der mitteldeutschen Bevölkerung lebten, wurde massiver und die Unterordnung unter den Bolschewismus immer vollständiger. Vielen behagte diese Entwicklung nicht, weil sie ihren politischen Ansichten widersprach. Andere lehnten sie ab, weil sie einerseits große wirtschaftliche Entbehrungen mit sich brachte, deren Nutzen man nicht mehr einsehen konnte, oder weil sie andererseits den Zusammenhalt der Familien gefährdete. Die Übersiedlungsbewegung in die Bundesrepublik nahm zu, wobei nicht wenige ihr Hab und Gut in der DDR zurückließen. Vom Standpunkt der durchschnittlichen Wohnbevölkerung aus gesehen verließen laut offizieller Statistik zwischen 1950 und Anfang 1962 rund 1,2 Millionen Menschen die DDR. Greift man aber die von der Übersiedlung besonders betroffenen Altersgruppen heraus, Jugendliche und Familien mit Kindern, dann erhöht sich der gesamte Abgang auf über 2 Millionen. Vor dem Ende der offenen Grenze in Berlin verließen monatlich bis zu 30 000 Mitteldeutsche ihre Heimat. Der erste realsozialistische deutsche Teilstaat drohte zu entvölkern.

So griff die SED-Führung zum letzten Mittel, um ihre Existenz und die sowjetische Industrialisierung nicht zu gefährden. Mit dem Mauerbau unterwarf sie die Menschen ihrem totalitären Herrschaftsanspruch. Ohne die Mauer hatte der Bolschewismus in der DDR keine Chance. Deshalb ist der Mauerbau zugleich steingewordenes Zeugnis vom Eingeständnis der politischen Niederlage, die die SED nur fünfzehn Jahre nach ihrer Gründung hinnehmen mußte. Ihr gesellschaftspolitisches Konzept war gescheitert. Den offenen, zu gleichen Bedingungen ausgetragenen Systemwettstreit in Deutschland hatte sie verloren. Der Traum vom sozialistischen Teildeutschland ließ sich auf demokratische und zivilisierte Weise nicht verwirklichen. So mancher Verantwortliche verband mit der Mauer die ehrliche Hoffnung, mit ihrer Hilfe dem hohen Ziel doch noch näherzukommen. Man brauche, hieß es, nur Zeit für eine ungestörte Entwicklung. Wenn diese unvermeidliche Durststrecke überwunden wäre, würde sich alles zum Guten wenden.

II. Bewertungsmaßstäbe für Wirtschaftspolitik

Woran erkennt man den Erfolg der Wirtschaftspolitik im allgemeinen und den der SBZ/DDR im besonderen? Wie lassen sich ihre Resultate messen und bewerten?

Solche Fragestellungen gewinnen auch deshalb an Gewicht, weil die Politiker der realsozialistischen Staaten wieder stärker den Wunsch äußern, in einen friedlichen Wettstreit der Systeme, der Alternativen, wie Gorbatschow neuerdings sagt, einzutreten. Worum soll denn gestritten werden, um welche Werte, und wann ist ein solcher Wettstreit entschieden?

Die Haltung der DDR-Führung in dieser Angelegenheit ließ ein Politiker unverhohlen durchblicken, als er, nach dem 13. August 1961 zur Verweildauer der Mauer befragt, sinngemäß antwortete: Sie wird solange stehen, bis der Westen sie uns aus wohlverstandenem Eigennutz abkauft.

Wettstreit der Systeme oder nicht, Bewertungsmaßstäbe für Wirtschaftspolitik sind notwendig und wichtig. Nicht nur für die Wissenschaftler, sondern auch, um den Politikmanagern die Standortbestimmung zu erleichtern. Das gilt für West wie für Ost. Über die wirtschaftspolitischen Konzeptionen bzw. die Ziele des Wirtschaftens in marktwirtschaftlich organisierten Gemeinwesen machen sich fähige Köpfe schon seit Jahrhunderten Gedanken. Der bedeutende deutsche Merkantilist Johann von Justi (1705 bis 1771) beispielsweise empfahl dem Staat als wirtschaftspolitisches Ziel, durch weises Leiten des Wirtschaftslebens die bestmögliche Glückseligkeit seiner Untertanen hervorzubringen. Ausgehend hiervon formulierten die Merkantilisten bereits damals als Subziele:

— wirtschaftliches Wachstum;
— Preisniveaustabilität;
— wirtschaftliche Freiheit;
— gerechte Einkommensverteilung;
— wirtschaftliche Sicherheit.

Der Schotte Adam Smith (1723—1790), Repräsentant der klassischen liberalen Wirtschaftslehre, sah die treibende Kraft aller wirtschaftlichen Vorgänge im Selbstinteresse, im natürlichen Trieb des Menschen, seine Lage zu verbessern und kam zu der bekannten Feststellung: »Consumption is the sole end and purpose of all production.« Weil der Verbrauch das letzte Ziel des Wirtschaftens sei, habe das Interesse des Erzeugers hinter dem des Verbrauchers zurückzutreten.

Gut hundert Jahre später vertrat der von marxistischem Gedankengut beeinflußte, im modernen Kapitalismus lebende deutsche Nationalökonom Werner Sombart (1863—1941) die Ansicht, die Motivation der Wirtschaftssubjekte gehe ausschließlich vom Gewinnstreben, vom Streben nach Erwerb großer Geldmengen durch wirtschaftliche Tätigkeit aus. Angeregt von Aristoteles, der ja der Auffassung zuneigte, daß sich erst mit dem Geld und dem wirtschaftlichen Verkehr das Erwerbsprinzip herausbildete, unterschied Sombart zwischen Bedarfsdeckungs- und Erwerbsprinzip, wobei letzteres für den Kapitalismus typisch sei.

Demgegenüber argumentierte der Österreicher Joseph Schumpeter (1883—1950): Für die Nationalökonomen wäre letzten Endes die Bedürfnisbefriedigung der entscheidende Gesichtspunkt, deshalb interessiere man sich für den Produktionsindex und für die Pfunde und Liter, die in ihn eingehen, die aber an sich diese Aufmerksamkeit nicht lohnten. Der Grund, sagte Schumpeter, warum es so etwas wie eine ökonomische Tätigkeit gäbe, sei natürlich der, daß Menschen sich nähren und kleiden wollten. Die Mittel zur Befriedigung dieser Wünsche zu liefern, sei das soziale Ziel oder der soziale Sinn der Produktion. Ganz ähnlich äußerte sich dessen deutscher Zeitgenosse Walter Eucken (1891—1950). Für ihn gab es kein Wirtschaften, das nicht auf Deckung von Bedürfnissen abzielte. Die Bedürfnisse seien in ihrer Gesamtheit das erste Datum des Wirtschaftsplanes. Dabei unterschied Eucken noch zwischen Individual- und

Kollektivbedürfnissen (z.B. dem nach Sicherheit und Verteidigung). Später erweiterte er seine Zielfunktion und trat für Bedarfsdeckung, verstanden als Überwindung der Knappheit von Gütern und Leistungen zu menschenwürdigen Bedingungen (im Sinne eines selbstverantwortlichen Lebens) und unter Beachten des Wirtschaftlichkeitsprinzips, ein.

Um auch noch einige, keinesfalls repräsentative Ansichten aus neuerer Zeit zu erwähnen, hier zunächst die Meinung des deutschen Nationalökonomen Artur Woll. Er bezeichnet als wichtigste Ziele der Wirtschaftspolitik ganz allgemein die Erhaltung der Freiheit und des Friedens und als gesamtwirtschaftliche Ziele Vollbeschäftigung, Preisniveaustabilität und Zahlungsbilanzausgleich, worüber internationaler Konsensus bestehe, sowie stetiges und angemessenes Wachstum.

Diese vier Zielkriterien, als magisches Viereck bekannt, enthält auch das Stabilitätsgesetz der Bundesrepublik Deutschland vom 8. Juni 1967. Sie sollen das gesamtwirtschaftliche Gleichgewicht sicherstellen, auch wenn, wie Woll ausdrücklich betont, unter diesen Kriterien durchaus Zielkonflikte auftreten können, so beispielsweise der aktuelle Zielkonflikt zwischen Preisniveaustabilität und Vollbeschäftigung.

Der Deutsche Heinz Lampert charakterisiert die von Alfred Müller-Armack entwickelte Konzeption der Sozialen Marktwirtschaft als gewissermaßen dritten Weg, nämlich als Zielkombination von wirtschaftlicher Freiheit und sozialer Gerechtigkeit. Als Hauptziele der Sozialen Marktwirtschaft nennt er:
— wirtschaftlichen Wohlstand über die Wettbewerbsordnung: Wachstum, Vollbeschäftigung und Freiheit des Außenhandels;
— eine leistungsfähige und sozial gerechte Geldordnung über die unabhängige Zentralbank: stabile Haushaltspolitik, ausgeglichene Leistungsbilanz;
— soziale Sicherheit über die Maximierung des Sozialproduktes: Korrektur der ursprünglichen Einkommens- und Vermögensverteilung.

Sein Kollege Karl C. Thalheim bezeichnet als Ziele des Wirtschaftens in Marktwirtschaften

— fortschreitende Erhöhung des Lebensstandards der Gesamtbevölkerung, auch der breiten Massen;
— fortschreitende Verringerung der Arbeitsmühe durch Mechanisierung der Produktion und Verkürzung der Arbeitszeit;
— Sicherung eines optimalen Beschäftigungsstandes;
— Deckung des Kollektivbedarfs.

Der Amerikaner Phillip Bryson beispielsweise bestätigt den von Woll geäußerten Konsens und verweist aus seiner Sicht auf die wirtschaftspolitischen Ziele: Vollbeschäftigung bzw. hoher Beschäftigungsstand, Wirtschaftswachstum, angemessene Preisstabilität durch niedrige Inflationsrate und nicht zuletzt das Vermeiden krasser sozialer Ungerechtigkeit.

Vom Standpunkt des schwedischen Wohlfahrtsstaates definiert Anja Caspers als Hauptziel eine »gute Gesellschaft«. Zu den Subzielen zählen:

— Vollbeschäftigung (habe unter dem Einfluß von John M. Keynes seit Ende der fünfziger Jahre den Vorrang);
— Preisstabilität (hier seien am ehesten Kompromisse möglich);
— ausgeglichene Leistungsbilanz;
— Wirtschaftswachstum;
— gerechte Verteilung von Einkommen und Vermögen;
— Schutz der Umwelt;
— Arbeitszufriedenheit und Arbeitsplatzsicherheit;
— Mitbestimmung.

Der kleine Aufriß vom Meinungsspektrum, was die Ziele des Wirtschaftens bzw. der Wirtschaftspolitik unter markt- oder verkehrswirtschaftlichen Bedingungen ausmacht, zufällig ausgewählt und nicht umfassend, genügt, um festzustellen:

● Das allgemeine volkswirtschaftliche Ziel des Wirtschaftens und die Ziele der Wirtschaftspolitik sind nicht identisch. Die Ziele der Wirtschaftspolitik enthalten auch Rahmenbedingungen für wirtschaftliches Tun, stellen ein Korrektiv dar, um den Interessenausgleich zwischen den frei agierenden Wirtschaftssubjekten zu ermöglichen.

● Die verschiedenen Ziele wirtschaftlichen Handelns sind offensichtlich nationalökonomisch bzw. staatspolitisch (allgemeine Glückseligkeit, gute Gesellschaft) determiniert. Solche Zielsetzungen fördern nationale Egoismen und stehen im Widerspruch zur bereits vollzogenen und sich noch weiter ausprägenden Internationalisierung des Wirtschaftslebens, wie sie in der wachsenden Freizügigkeit von Kapital und Arbeit zum Ausdruck kommt. Deshalb ist zu fragen, ob es nicht an der Zeit sei, die nationalen Bewertungsmaßstäbe durch supranationale (EG-weite) zu ergänzen.

● Vom verbalen Hauptziel (Bedarfsdeckung) abgesehen und eine beliebige Form von Subzielen als gegeben vorausgesetzt, kann die Rangordnung unter diesen Subzielen wechseln. Das gilt insbesondere für den gesamten Komplex zum Schutz und zum Erhalt der Umwelt, dem bei der Optimierung des Zielbündels wachsendes Gewicht zukommt.

● Das Leben widerlegt die These, persönliche Antriebe oder Motive zu wirtschaftlicher Aktivität seien ausschließlich auf dem Feld der Ökonomie (Erwerbsprinzip) zu suchen. Dafür können völlig unökonomische Gründe (Spieltrieb, Reiz des Risikos, Ehrgeiz, Selbstbestätigung, Liebe zur Macht, Pioniergeist, Forscherdrang, Gemeinschaftssinn) ausschlaggebend sein. Der Mensch agiert nicht mechanistisch als homo oeconomicus. Für ihn zählen auch andere Herausforderungen als nur der Gelderwerb.

● Die persönlichen Ziele und das volkswirtschaftliche Ziel müssen nicht zwingend identisch sein. Aber, nur wer das übergeordnete volkswirtschaftliche Ziel beachtet, kann jene erreichen. Das volkswirtschaftliche Ziel heißt immer Beseitigung von Defekten oder Mangel bzw. Deckung des Bedarfs anderer (Bedarfsdeckungsprinzip).

● Es scheint angebracht, die Gültigkeit bisher allgemein anerkannter Ziele des Wirtschaftens bzw. der Wirtschaftspolitik kritisch zu überprüfen. Dazu folgende Beispiele:

Wirtschaftswachstum: Spätestens seit der Meadows-Studie über die »Grenzen des Wachstums« ist eine differenzierte Betrachtungsweise angezeigt. Wachstum um welchen Preis, lautet die Frage, auf die es bisher noch keine befriedigenden Antworten gibt.

Vollbeschäftigung: Ist »volle«, sprich ganztägige Beschäftigung aller Arbeitsfähigen heute noch ein notwendiges oder wenigstens wünschenswertes wirtschaftliches Ziel, um beispielsweise die Existenz der Familie zu sichern? Oder nimmt dieses Zielkriterium nicht mehr und mehr den Charakter eines sozialen Ziels im Sinne des Wahrnehmens des Rechts auf Selbstverwirklichung an? Gibt es auch andere, außerökonomische Möglichkeiten, um sich zu verwirklichen? Welchen Einfluß hat die Betonung der Vollbeschäftigung heute auf die Bevölkerungsentwicklung, etwa die Nettoreproduktionsrate, die Volksgesundheit oder die durchschnittliche Lebenserwartung? Zu welchen ökonomischen Bedingungen, beispielsweise bezüglich der Arbeitszeit oder der Einkommensgestaltung, ist diese Vollbeschäftigung überhaupt noch realisierbar?

Privater Verbrauch: Nicht jede reale Steigerung des privaten Verbrauchs ist Ausdruck wünschbaren Fortschritts oder ein wirtschaftspolitischer Erfolg. Am Beispiel des Zigaretten- und Alkoholkonsums wird es plausibel. Das gilt aber auch für jene Formen des Verbrauchs, deren Zuwachs mit zusätzlicher Ressourcen- oder Umweltbeanspruchung einhergeht. Auch die wachsende Ausstattung privater Haushalte mit PKWs gehört heute zu dieser Kategorie, solange kein umweltfreundlicher Antrieb zum Einsatz kommt.

Offen bleibt schließlich, wie sich der Grad der Zielerreichung feststellen läßt. Einen synthetischen Ausdruck, eine Kennziffer, in der sich alle Subziele der Wirtschaftspolitik verdichten lassen, wird es wohl nicht geben. Das Bruttosozialprodukt etwa, sein reales Wachstum, signalisiert keinesfalls eindeutig eine positive gesamtwirtschaftliche Entwicklung. Beispielsweise verursacht steigende Reparaturanfälligkeit von Gütern oder die Zunahme der Verkehrsunfälle über erhöhten Ersatzteilbedarf und das Ansteigen der Leistungen im tertiären Bereich auch einen Anstieg dieser Kennziffer. Andererseits, darauf verwies bereits Schumpeter, können auch Qualitätsverbesserungen durch sie kaum sichtbar gemacht werden, obschon sie in mancher Beziehung den Kern des erreichten Fortschritts bilden. Es gäbe, sagt Schumpeter, kein Verfahren, um in angemessener Weise den Unterschied zwischen einem Auto von 1940 und einem von 1900 oder das Ausmaß, bis zu welchem der Preis der Autos per Nutz-

einheit gefallen ist, ausdrücklich. Noch viel weniger sei es möglich, so Schumpeter weiter, zu vermitteln, was die technischen Verbesserungen für die Würde oder die Intensität oder die Annehmlichkeit des menschlichen Lebens bedeuteten.
Schließlich gehört in diese Argumentationskette der gesamte Komplex der Schattenwirtschaft, der sich offizieller statistischer Erhebung entzieht und dadurch das ausgewiesene Bruttosozialprodukt kleiner erscheinen läßt, als es in Wirklichkeit ist.

Man stellt immer wieder Überlegungen an, wie die Berechnung des Bruttosozialprodukts zu verbessern sei, um die qualitativen Faktoren des Wirtschaftswachstums stärker zu berücksichtigen. Neuere Vorschläge zielen darauf ab, den Aufwand für Bildung und Forschung künftig als Investitionen zu verbuchen, Kollektivleistungen, wie die Umweltverbesserung, in die Wertschöpfung einzureihen und Kosten aus Umweltbelastungen, Verkehrsunfällen und Zivilisationskrankheiten auf der Aufwandseite zu erfassen. Selbst wenn sich damit einige Mängel beheben ließen, wird auch künftig auf Indikatoren zur Bewertung der gesamtwirtschaftlichen Entwicklung, d.h. ein Bündel von Bewertungskriterien nicht verzichtet werden können.

Was zu den Subzielen erfolgreichen Wirtschaftens kritisch vermerkt wurde, gilt prinzipiell auch für die Indikatoren: Um der Wirtschaftspolitik tragfähige Orientierungen an die Hand zu geben, wird es notwendig, die Indikatoren für den Nachweis der Zielerreichung in Marktwirtschaften neu zu definieren bzw. zu präzisieren und deren Präferenzen zu bestimmen.

Wie aber sieht es mit den Bewertungsmaßstäben auf der anderen Seite, im Realsozialismus aus?

Zentralverwaltete, realsozialistische Wirtschaftsordnungen können objektiv weder ihr volkswirtschaftliches Hauptziel noch die wirtschaftspolitischen Subziele aus marktwirtschaftlichen Ordnungen herleiten. Das liegt an den grundsätzlichen Unterschieden zwischen diesen Systemen. Vollbeschäftigung beispielsweise ist keine explizite Zielstellung des Wirtschaftens im Realsozialismus, weil es in einigen Zentralplanwirtschaften sogar die Pflicht zur Arbeit gibt. In anderen hat die Arbeit beim

Monopolarbeitgeber Staat als »Schule der Nation« ihren spezifischen Charakter (politische Erziehung, ständiges Überwachen und Indoktrinieren). Das DDR-Strafrecht beispielsweise kennt den Richterspruch: »Bewährung am zugewiesenen Arbeitsplatz«.

Ebensowenig vergleichbar zwischen West und Ost sind die Forderungen nach einer stabilen Kaufkraft des Geldes bzw. nach einer ausgeglichenen Zahlungsbilanz. In Zentralplanwirtschaften, bei staatlichem Außenhandels-, Valuta- und Preissetzungsmonopol verbergen sich hinter solchen Zielgrößen völlig andere wirtschaftliche Prozesse und Leistungen.

Andererseits hat sich gezeigt, daß die unter marktwirtschaftlichen Bedingungen entwickelten Maßstäbe für erfolgreiches Wirtschaften und die Methoden, dies nachzuweisen, nicht unerhebliche Mängel und Lücken aufweisen. Was unter systemimmanenten Umständen nicht unumstritten ist, sollte man auf systemfremde schon gar nicht übertragen.

Befragt man die Lehrbücher für Politische Ökonomie des Sozialismus nach der amtlichen Lehrmeinung, dann heißt es dort: Das Ziel der Wirtschaftspolitik bestimmt sich aus dem auf die Marxsche Analyse der kapitalistischen Produktionsweise zurückgehenden und von Stalin formulierten Ökonomischen Grundgesetz des Sozialismus. Es orientiere, so wird argumentiert, auf die möglichst vollständige Befriedigung der ständig wachsenden Bedürfnisse und die allseitige Entwicklung aller Mitglieder der Gesellschaft, oder, wie Lenin das Ziel sozialistischer Produktionsweise umriß, auf die Sicherung der höchsten Wohlfahrt und der freien allseitigen Entwicklung aller. Zu diesem Ziel bekennt sich heute auch Gorbatschow.

Der russische Dissident Voslensky nennt dieses sogenannte Grundgesetz die phantastischste Behauptung in der offiziellen Politökonomie des realen Sozialismus. Nach seiner Auffassung besteht das wahre Grundgesetz des Realsozialismus im Bestreben der herrschenden Nomenklaturaklasse, durch wirtschaftliche Maßnahmen die maximale Sicherung und Verbreitung ihrer Macht zu garantieren.

In der Tat ist nicht einzusehen, wieso das sogenannte Grundgesetz des Realsozialismus, in dem ansatzweise das Bedarfsdeckungsprinzip marktwirtschaftlicher Gemeinwesen zum Ausdruck kommt, objektiv das Ziel sozialistischen Wirtschaftens wiedergibt. Die Wirtschaftspolitik der DDR-Führung ist, wie gezeigt wurde, ein Element internationalistischer Machtpolitik im Dienste der realsozialistischen Welt und deren Führerin, der Sowjetunion. Als beispielsweise zwischen 1980 und 1981 infolge der Ereignisse in Polen wichtige polnische Lieferungen an Versorgungsgütern für den sowjetischen Markt ausblieben, mußten nicht wenige DDR-Betriebe zu Lasten anderer Lieferverpflichtungen den Ausfall ausgleichen helfen, um Ruhe und Ordnung in der Sowjetunion sicherzustellen.

Unter den konkreten Existenzbedingungen des deutschen Realsozialismus sowjetischer Prägung, der nahezu perfekt abgeschirmten Wirtschaft und deren Unterwerfung unter die Diktatur der SED-Spitze, entsteht überhaupt kein Zwang, keine Notwendigkeit, für den volkswirtschaftlichen Bedarf zu produzieren, jedenfalls nicht oberhalb des Notwendigen. In diesem Sinne ist er für die Planungsverantwortlichen kein Datum, denn er kann sich weder frei und souverän artikulieren, noch bestehen echte Wahlmöglichkeiten, um ihn zu befriedigen. Insofern ist Voslensky zuzustimmen: Das Hauptziel der Wirtschaftspolitik im Realsozialismus heißt, die Macht des Sowjetsystems im Weltmaßstab maximal zu sichern und zu verbreitern. Dies unterstellt, gibt es gar keine wirtschaftspolitische Alternative. Mit der historisch wie systembedingt ineffizienten Zentralplanwirtschaft einen existentiellen Wettbewerb (»wer-wen?«, lautet die kommunistische Frage) gegen die Marktwirtschaften des Westens führen zu wollen, in denen sich der technische Fortschritt nach wie vor stürmisch entwickelt, verlangt, alle wirtschaftlichen Kräfte auf diesen ungleichen Machtkampf zu bündeln. Die Herausforderer, die sowjetische Führung und ihre östlichen Verbündeten erblicken in dieser Potentialkonzentration die einzige Möglichkeit. Alles, was man für andere Zwecke, etwa den privaten oder produktiven Verbrauch, den Umweltschutz usw. abzweigt, beschwört die Gefahr einer Schwächung der Machtposition im Systemwettstreit herauf, muß deshalb, dieser Logik folgend, auf das Notwendige, gewissermaßen auf das optimierte Minimum begrenzt bleiben. Mit anderen Worten: Wegen des Systemwettstreits und dem gegebenen Leistungsvermögen der Wirtschaften im Realsozialismus wird das Bedarfsdeckungsprinzip einem übergeordneten politischen Ziel untergeordnet. Nur bei Vorrang der Machtpolitik vor der Ökonomie, nur wenn die Parteiführung die wirtschaftlichen Abläufe beherrscht und über den entsprechenden Zwangsapparat verfügt, läßt sich dieses Hauptziel verfolgen.

Die offizielle Selbstdarstellung realsozialistischer Wirtschaftspolitik in der DDR übergeht bewußt diese elementaren, in praxi hinreichend bestätigten Erfahrungen. Insbesondere seit dem Machtantritt Honeckers betont die SED-Führung die Einheit der von ihr verantworteten Wirtschafts- und Sozialpolitik. Nicht, weil vorher, unter Walter Ulbricht, die Wirtschaftspolitik der SED nicht zugleich auch Sozialpolitik gewesen wäre, sondern um herauszustellen, wie es Honecker auf dem VIII. SED-Parteitag (1971) tat, daß nun der vorgeblich gesetzmäßige Zusammenhang zwischen Produktion und Bedürfnissen stärker sichtbar werden würde. Dabei handele es sich, so Honecker, nicht etwa um eine vorübergehende, aus lediglich praktischen Erwägungen hergeleitete Zielstellung, sondern um eine strategische, theoretisch tief fundierte Orientierung. Die Bedürfnisse der Menschen seien der entscheidende Ausgangspunkt wirtschaftlicher Leitung und Planung und das werde selbstverständlich tiefgreifende Konsequenzen für alle Bereiche ökonomischer Tätigkeit haben.

Damit war eine neue ökonomische Hauptaufgabe gestellt: Das materielle und geistig-kulturelle Lebensniveau in Übereinstimmung mit den Fortschritten in der Produktion zu erhöhen.

Nach allgemeiner Auffassung der Soziologen und Ökonomen in der DDR umfaßt das realsozialistische Lebensniveau folgende, für die Wirtschaftspolitik entscheidende Komplexe:
— das Wohnen und die Wohnumgebung;
— die Arbeit, das Einkommen und die Freizeit;
— die natürliche und vom Menschen gestaltete Umwelt;
— der private Verbrauch.

Verbesserungen am Arbeitsplatz und im Betrieb (Arbeitsschutz, Licht-, Luft- und Klimaverhältnisse, Kantinenessen), so die Ex-

perten, erhöhten zugleich die Zufriedenheit und wirkten sich positiv auf das Allgemeinbefinden der Berufstätigen aus, senkten den Krankenstand, beugten möglicher Arbeitsinvalidität vor und dienten der kreativen Atmosphäre im Betrieb.
Beim Städtebau sei auf architektonisch schön gestaltete Zentren und Neubauviertel zu achten, denn sie befriedigten ästhetische Bedürfnisse und dienten dem Wohlbefinden der Einwohner ebenso wie saubere Gewässer, gesunde Luft, Wälder und Parks. Auch die Versorgung der Menschen mit Waren und Diensten sei nicht nur unter dem Aspekt bedeutsam, zahlungsfähige Nachfrage zu befriedigen, sondern sie stünde in direktem Bezug zur Arbeitsmoral und Motivation der Arbeitnehmer.
Die SED-Führung machte sich diese Maßstäbe zu eigen. Die Einheit von Wirtschafts- und Sozialpolitik sollte unter der Bevölkerung die Bereitschaft zur politischen Annahme des Gesellschaftsmodells »DDR« wecken. Dieses größte sozialpolitische Programm, so die SED-Interpretation, das jemals in Angriff genommen wurde, sollte nachträglich den Herrschaftsanspruch der Führungspartei legitimieren und einlösen, was Walter Ulbricht den Bewohnern in der DDR schon vor dem Mauerbau in Aussicht gestellt hatte: im Lebensniveau mit der Bundesrepublik Deutschland gleichzuziehen.
Inzwischen sind siebzehn Jahre vergangen. Siebzehn Jahre realsozialistischer Machtpolitik unter Erich Honecker. An der Einheit von Wirtschafts- und Sozialpolitik hat sich offiziell nichts geändert. Nach wie vor wird betont, die Effizienz sozialistischen Wirtschaftens messe sich am Zuwachs im Lebensniveau und der sei beachtlich. Zwar mußte Honecker 1985 erstmals einräumen, daß man bis zur Lösung der Hauptaufgabe die Schwelle des Jahres 2000 überschritten haben werde, auch wenn am Beschluß festgehalten würde, die Wohnungsfrage als soziales Problem bis 1990 zu bewältigen. Trotz dieser Einschränkungen gelte aber, wie Günter Mittag, seit 1962 fast ununterbrochen ZK-Sekretär für Wirtschaftspolitik, in der Debatte zum Volkswirtschaftsplan 1986 ausführte, daß der wichtigste Maßstab aller Schritte zur Erhöhung der Leistungskraft der DDR die sozialen Ergebnisse für das Volk seien. Die Direktive des XI. SED-Parteitages zum Fünfjahrplan für die volkswirtschaftliche Entwicklung der

DDR in den Jahren 1986 bis 1990 bestätigte diese Linie uneingeschränkt.

Nach der amtlichen Lesart spiegeln sich demnach die Erfolge realsozialistischer Wirtschaftspolitik nicht machtpolitisch, sondern im steigenden Lebensniveau der Bürger wider. Hält die Realität diesem Anspruch stand?

III. Die Wohnungsfrage als soziales Problem

1. Geschichtlicher Hintergrund

Um die Situation auf dem Wohnungsmarkt beurteilen zu können, sind folgende Kenntnisse über die Ausgangslage und die Rahmenbedingungen wichtig:

● Die mittlere Wohnbevölkerung auf dem Territorium der DDR verringerte sich vom Höchstwert mit 19,1 Millionen Einwohnern (1948) über 17,1 Millionen (1961) auf 16,6 Millionen 1987. Mithin sank die Zahl potentieller Bedarfsträger für Wohnraum nahezu kontinuierlich, insgesamt um 2,5 Millionen Einwohner. Die Bundesrepublik Deutschland hingegen mußte nach Kriegsende und in den Folgejahren auf ihrem Territorium rund 16 Millionen Menschen zusätzlich aufnehmen und sie mit dringend benötigtem Wohnraum versorgen.

● Die Wohndichte (Personen je Wohnung) lag 1939 auf dem Gebiet der heutigen DDR bei etwa 16,7 Millionen Einwohnern mit 3,35 niedriger als auf dem Gebiet der heutigen Bundesrepublik (3,70 Personen je Wohnung). Dieses Verhältnis verschlechterte sich unter dem Einfluß der Kriegszerstörungen und der Bevölkerungsbewegung bis 1950 auf 3,71 (DDR) zu 4,72 (Bundesrepublik). Heute beträgt die Wohndichte der DDR 2,40 und die vergleichbare der Bundesrepublik Deutschland knapp 2,30.

● Der Zerstörungsgrad des Wohnungsbestandes im Nachkriegsdeutschland war unterschiedlich. Während in den Westzonen gegenüber 1939 rund 25 Prozent der 10,5 Millionen Wohnungen zerstört wurden, verlor die SBZ/DDR (ohne Ostberlin) von ihren 4,6 Millionen Wohnungen nur etwa 13 Prozent.

● Auf Kosten der beschleunigten Industrialisierung des mitteldeutschen Gebietes vernachlässigte die politische Führung bewußt und planmäßig den Wohnungsneubau. Durch Neubau ent-

standen in der DDR bis 1961 insgesamt nicht mehr als 275 000 Wohnungen, d.h. im Jahresdurchschnitt 18 500. Bis 1973 wuchs der Wohnungsbestand auf 6,2 Millionen, von denen etwa 1,2 Millionen Wohnungen seit 1945 erbaut worden waren. Das entsprach einem Neubauanteil am Bestand von knapp 20 Prozent. Aber auch für Baureparaturen zur Erhaltung und Modernisierung des Wohnungsbestandes wendete der Staat zwischen 1950 und 1970 nicht mehr als insgesamt 16 Milliarden Mark auf, knapp 15 Prozent der 108 Milliarden Mark, die er für investive Bauleistungen in der Volkswirtschaft ausgab.
In der Bundesrepublik Deutschland gab es 1973 etwa 22 Millionen Wohnungen, von denen 13 Millionen seit Kriegsende erbaut worden waren (Neubauanteil am Bestand ca. 60 Prozent), allein 1973, dem Höhepunkt, mehr als 710 000 Wohnungen.
Vor diesem Hintergrund wurde das Wohnungsbauprogramm nach dem SED-Politbürobeschluß über den Aufbau der »Hauptstadt Berlin« (März 1973) erstmals auf der 9. ZK-Tagung der SED (Mai 1973) erwähnt und schließlich auf der darauffolgenden Tagung (Oktober 1973) verabschiedet. Danach sollte es bis 1990 gelingen, die Wohnungsfrage als soziales Problem zu lösen. Das hieße vor allem, so der Minister für Bauwesen der DDR, Wolfgang Junker, jene menschenunwürdigen Wohnverhältnisse zu beseitigen, die der Sozialismus unverschuldet aus der durch Ausbeutung und Unterdrückung gekennzeichneten kapitalistischen Ära nach 1945 übernommen habe. Viele dieser Altbauten entsprächen insbesondere hinsichtlich ihrer Ausstattung und ihrer hygienischen Bedingungen nicht mehr den Erfordernissen, zumal sie offensichtlich mehrheitlich von jenen bewohnt wurden, von denen die politische Doktrin besagt, sie gehörten zur herrschenden Klasse. Es sei, so der Minister, eine Tatsache, daß das Niveau der Wohnverhältnisse der Arbeiter vielfach hinter dem anderer Bevölkerungsschichten zurückbleibe. Das Wohnungsbauprogramm solle dem abhelfen und allen Menschen in Stadt und Land nützen. Deshalb würden in der Zeit zwischen 1976 und 1990 etwa 2,8 bis 3 Millionen Wohnungen mit den dazu gehörenden Versorgungs- und Dienstleistungseinrichtungen gebaut oder modernisiert. Dann hätte man Verhältnisse, so der Bauminister der DDR, die denen der Bundesrepublik Deutsch-

land überlegen wären, die die Entwicklung einer sozialistischen Lebensweise förderten und den Stolz der Leute auf ihre sozialistische Heimat festigten.
Bei so hohen Ansprüchen stand für den Stadtarchitekten von Karl-Marx-Stadt zweifelsfrei fest, daß sich die soziale Zielstellung grundsätzlich nicht mehr mit Wohngebäuden aus der Zeit vor 1918 realisieren ließ, weil deren Funktionstüchtigkeit stark beeinträchtigt und ihr weitgehender Abriß geboten war. Auch der Baudirektor des Verwaltungsbezirkes Erfurt vertrat die Ansicht, im Zeitraum 1971 bis 1990 müßten 22 Prozent des 1971 vorhandenen Wohnungsbestandes durch Neubauten ersetzt werden, vorrangig die vor 1918 entstandenen Wohnungen.
Noch nach 1974 galt unwidersprochen die Meinung, von den 4,8 Millionen vor 1945 gebauten Wohnungen der DDR seien 2,6 Millionen modernisierungsunwürdig. Die restlichen 2,2 Millionen Altwohnungen müßten solange erhalten bleiben, bis in 20 Jahren (also um 1995) ihr Ersatz nach einem Flächenabriß möglich sei.
Große Erwartungen wurden also an die von Honecker im Mai 1973 versprochene »Lösung« der Wohnungsfrage als soziales Problem geknüpft. Zahlreiche theoretische Arbeiten zur Qualität des Wohnens entstanden. Es mangelte nicht an Stellungnahmen, wie man sich sozialistischen Wohnungsbau vorzustellen habe. Da hieß es beispielsweise in einem einschlägigen Lehrbuch vollmundig: »Der sozialistische Städtebau zeichnet sich dadurch aus, daß er den Ansprüchen der Menschen sowohl nach einer zweckmäßigen als auch nach einer schönen, ästhetisch erlebbaren räumlichen Umwelt entspricht.«
Der Slogan, nicht jedem eine Wohnung, sondern jedem seine Wohnung, machte die Runde. In die Diskussion über die angemessene Wohnungsgröße wurde das in der Sowjetunion erarbeitete rationelle Zuteilungsnormativ eingeführt, demzufolge die Anzahl der Zimmer einer Wohnung die Zahl ihrer Bewohner (N) um eines (N + 1) übersteigen sollte.
In der Sowjetunion selbst war man, wie so oft, von dieser »Idealnorm« weit entfernt. Dort stand Anfang der sechziger Jahre die Aufgabe, jedem Bürger ein eigenes Zimmer zur Verfügung zu

stellen. Inzwischen versprach Gorbatschow, die Wohnungsfrage in der Sowjetunion bis zur Jahrtausendwende zu lösen. Dazu sollen rund 35 Millionen Wohnungen geschaffen werden. Gegenwärtig stehen statistisch jedem Einwohner knapp 15 m² Wohnfläche zur Verfügung. Fast 20 Prozent der städtischen Bevölkerung hat noch keine eigene Wohnung, lebt in Gemeinschaftsquartieren oder bei Verwandten.

2. Die quantitative Entwicklung

Im Jahre 1986 hatte die DDR einen Bestand von 6 910 720 Wohnungen, davon seit Kriegsende 2 625 881 durch Neubau (38 Prozent vom Bestand) und 1 351 814 durch Modernisierung von Altsubstanz (20 Prozent). Zum Vergleich: In der Bundesrepublik Deutschland wurden seit 1945 gut 18 Millionen Wohnungen neu gebaut, über 72 Prozent des heutigen Bestandes von 25 Millionen.
Was tat sich in der DDR seit dem Beschluß über das Wohnungsbauprogramm?
Nachdem zwischen 1974 und 1975 die notwendigen Vorarbeiten geleistet wurden, wuchs der Neubau von 1976 bis 1980 um 40 Prozent auf insgesamt 599 387 Wohnungen. In den folgenden fünf Jahren bis 1985 gelang nochmals ein Zuwachs um 10 Prozent auf 613 216 Wohnungen. Damit wurden die kapazitiven Grenzen im Neubau erreicht. Das für den DDR-Wohnungsbau beste Ergebnis datiert von 1981 mit 125 731 neuen Wohnungen. Seitdem gingen die Neubauleistungen kontinuierlich zurück. Im Jahre 1987 wurden nur 113 974 Wohnungen errichtet. Zwischen 1986 und 1990 sollen insgesamt 591 000 Neubauwohnungen übergeben werden, so daß dann seit 1945 insgesamt rund 3,1 Millionen Wohnungen gebaut worden wären.
Der Rückgang im Neubau erklärt sich teilweise aus einer geänderten Baupolitik. Entgegen früheren Konzeptionen sinkt erst seit 1984 der Anteil des an die Stadtränder, gewissermaßen auf die grüne Wiese verlagerten extensiven Baugeschehens zugunsten lückenschließender, innerstädtischer Bauleistungen. Im Jahre 1987 lag sein Anteil bei 30 Prozent mit ansteigender

Kurve. Innerstädtisches Bauen erspart zusätzlichen Erschließungsaufwand für Bauland, technische Versorgung und Verkehrsanbindung. Allerdings müssen diese Langzeiteffekte mit sinkender Produktivität bezahlt werden, denn diese Art des Bauens ist im allgemeinen schwieriger.
Auffällig wuchs demgegenüber in letzter Zeit der Anteil modernisierter bzw. rekonstruierter Altbauwohnungen an allen gebauten Wohnungen von 7 Prozent (1961) über 29 Prozent (1980) auf 100 212 Wohnungen oder 47 Prozent 1987. In einigen Gegenden, so in Leipzig, übertraf die Zahl der Modernisierungen 1986 bereits die Neubauleistung. Das hat aus der Sicht des Staates vor allem ökonomische Gründe, denn mit dem Geld für eine Neubauwohnung (einschließlich Erschließung und Verkehrsanbindung) lassen sich im Durchschnitt zwei bis drei alte Wohnungen auf Vordermann bringen. Die Planungen für 1986 bis 1990 sehen insgesamt 473 000 Modernisierungen vor. Demnach wären seit Kriegsende fast 1,8 Millionen Altbauten saniert worden.
Ein Blick in die Statistiken lehrt auch, daß der Zuwachs an Neubauten teilweise zu Lasten der Wohnungsgröße erkauft wurde. Zwischen 1980 und 1985 wuchs besonders der Bauanteil kleiner Wohnungen. Bei einer durchschnittlichen Grundfläche von 58 m^2 stieg der Anteil der Wohnungen bis 40 m^2 von 4,2 Prozent (1980) auf 10,7 Prozent (1985). Demgegenüber sank der Anteil der Wohnungen mit 61 bis 80 m^2 von 29,2 Prozent (1980) auf 14,9 Prozent (1985) und der über 81 m^2 von 0,5 Prozent (1980) auf 0,2 Prozent 1985. Selbst im ständig bevorzugten Ostberlin wiesen im gleichen Jahr nur 2 Prozent aller verfügbaren alten wie neuen 567 500 Wohnungen fünf und mehr Räume auf. Diese Entwicklung entspricht zwar einerseits der Struktur der Haushaltsgrößen und der wachsenden Zahl wohnungssuchender Geschiedener, vernachlässigt aber andererseits den immer lauter werdenden Bedarf nach größeren Wohnungen. Daher ist es keine Seltenheit, daß sogenannte Vollkomfort-Wohnungen zum Tausch gegen Altbauten angeboten werden. Dreiraum-Neubauwohnungen kommen häufig über eine Zimmerfläche von 48 m^2 (20 m^2, 15 m^2 und 13 m^2) nicht hinaus, während vergleichbare Altbauten 65 bis 80 m^2 erreichen und Nebengelaß bieten.
Die durchschnittliche Wohnfläche je Einwohner lag in der

DDR bei 27 m² (1987), während sie in der Bundesrepublik Deutschland bereits 1982 diesen Wert um ein Viertel (33 m²) übertraf, obwohl hier ganz andere Mietbelastungen die Regel sind. Darüber hinaus war die Leistungssteigerung im Wohnungsneubau in letzter Zeit nur auf Kosten insbesondere der Bauten für Gesundheit, Freizeit und Erholung möglich. Entstanden beispielsweise zwischen 1971 und 1980 mit den Neubauwohnungen auch 90 Hallenbäder, reichten die Baukapazitäten im letzten Fünfjahrzeitraum nur für 12 Hallenschwimmbäder. Damit besaß die DDR 1985 1 222 Hallen- und Freibäder gegenüber 7 400 in der Bundesrepublik.

Die Ausstattung mit Bädern soll, stellvertretend für Sporthallen, Reit- oder Tennisplätze, zur Beleuchtung des qualitativen Standards näher betrachtet werden. Während in der Bundesrepublik Deutschland schon 1976 auf rund 8 200 Wohnungen ein Hallenbad entfiel, müssen in der DDR 1986, also zehn Jahre später, die Bewohner von 33 700 Wohnungen mit einem Hallenbad zufrieden sein. Es handelt sich überwiegend um Volksschwimmhallen, die kombiniert für Schule und Freizeit genutzt werden und meist über ein 25-Meter-Becken, eine Sauna und die notwendigen Sanitäranlagen verfügen. 85 Prozent dieser insgesamt 205 Hallenbäder (1986) befinden sich in gutem Bau- und Nutzungszustand, sieht man vom teilweise starken Ungezieferbefall (Kakerlaken) ab, während mehr als die Hälfte der 1 022 Freibäder (1985) nur eingeschränkt nutzbar ist. Allein bei 825 von ihnen fehlen Wasseraufbereitungsanlagen und 230 haben keine vorschriftsmäßigen bzw. sicheren Beckenauskleidungen, oder sie sind schadhaft.

Für das Hallenschwimmen stehen auf 1000 Einwohner 4,9 m² Wasserfläche bereit, womit der Bedarf nach Ansicht von DDR-Experten nur zu 38 Prozent gedeckt wird. Außerdem gibt es ein ausgeprägtes Nord-Süd-Gefälle, denn mehr als 50 Landkreise (von insgesamt 191) im Norden der DDR haben sich mit 13 Hallenbädern zu begnügen. Viele Städte besitzen weder ein heizbares Freibad noch ein Hallenbad.

Wie groß andererseits die Freude am Badespaß sein kann, zeigt das Ostberliner Sport- und Erholungszentrum mit seiner Gesamtwasserfläche von 1 800 m². Unter westlicher Regie erbaut und 1981 eröffnet, besuchten es bis Mitte 1987 mehr als 17 Millionen Menschen.

Schließlich ist ein weiterer Grund für den Zuwachs im Wohnungsneubau der geringe Anteil des Eigenheimbaus. Da die Wohnflächen der Eigenheime oft mehr als doppelt so groß wie im Geschoßbau ausfallen und der Bauaufwand im Vergleich zum industriellen Wohnungsbau in Großsiedlungen etwa doppelt so hoch liegt, müßte, bei gegebenen Baukapazitäten, ein Ausweiten des privaten Eigenheimbaus die Gesamtzahl fertiggestellter Neubauwohnungen ungünstig beeinflussen.

Das absolute Rekordergebnis beim Eigenheimbau wurde mit 21 463 Einheiten 1981 erzielt. Das Resultat von 1987 blieb mit 11 774 um 45 Prozent darunter. Bis 1970 gab es in der DDR keinen erwähnenswerten Eigenheimbau. Zwischen 1970 und 1987 entstanden rund 226 000 Eigenheime. Damit erreicht der Eigenheimbau einen Anteil am Wohnungsneubau von 14 Prozent. Die Vergleichswerte für Rumänien lauten 20 Prozent, ebenso für Polen und Bulgarien, aber 30 Prozent für die Tschechoslowakei und Ungarn. Nur 6 Prozent aller DDR-Eigenheime wurden als Reihenhäuser errichtet. Da sich aber bei ihnen bis zu 50 Prozent des Erschließungs- und bis zu 30 Prozent des Bauaufwandes einsparen lassen und der Energiebedarf für die Wärmeversorgung ebenfalls bis zu 30 Prozent sinkt, soll ihnen im DDR-Baugeschehen künftig mehr Beachtung geschenkt werden. Die Mehrzahl der bisher gebauten Eigenheime steht in Dörfern (55 Prozent) sowie in Klein- und Mittelstädten (40 Prozent) und nur zu 5 Prozent am Großstadtrand. Infolge fehlender Mittel für die Rekonstruktion veralteter Häuser und dem geringen Eigenheimbau verringerte sich der Anteil der Ein- und Zweifamilienhäuser am gesamten Wohnungsbestand der DDR von einstmals fast 46 Prozent (1961) auf heute 34 Prozent, wobei es in Kleinstädten bis 10 000 Einwohner noch 42 Prozent sind.

Um diesem Trend entgegenzuwirken und insbesondere in ländlichen Gegenden weiterer Ausdünnung der Bevölkerung zuvorzukommen, trat ab 1987 eine Durchführungsbestimmung zur Eigenheimverordnung von 1978 in Kraft. Danach können künftig auch Eigenheime mit einer Einliegerwohnung kreditfianziert werden, ebenso der Umbau bisher nicht für Wohnzwecke genutzter Gebäude. Außerdem wurde das Typenangebot, aus dem der Bauherr auswählen muß, von 24 auf 35 (zehn Reihen-, sechs Doppel-, zwölf Einzel- und sieben Fertigteilhäuser) aufgestockt und wurden die Kreditkonditionen verbessert.

In der Bundesrepublik Deutschland entstanden seit 1945 mehr als sechs Millionen Wohnungen in Ein- und Zweifamilienhäusern, allein 1973 mehr als 263 000, so daß deren Anteil am gesamten Wohnungsbestand von 41 Prozent (1961) auf heute knapp 44 Prozent anwuchs. Begrenzung erfährt die weitere Beschleunigung des hiesigen Eigenheimbaus nicht durch die Kapazitäten der Bauwirtschaft, höchstens wegen der stark gestiegenen Kosten. Denn während vor dreißig Jahren gut vier durchschnittliche Jahresnettoeinkommen von Arbeitnehmerfamilien ausreichten, um das Eigenheim abzuzahlen, waren dazu 1984 fast acht verfügbare Jahresnettoeinkommen nötig.

3. Die qualitative Entwicklung

Die Antwort darauf, welche Fortschritte bei der Wohnungsfrage erreicht wurden, ist nur vollständig, wenn die Resultate des Wohnungsbaus an den bereits eingangs dargelegten Maßstäben beurteilt werden. Schließlich lautete die ursprüngliche Zielstellung, Wohnverhältnisse zu schaffen, die die Ungerechtigkeiten des Vorkriegsstandes beseitigten und dem Sozialismus förderliche Lebensumstände boten. Zwar sollten nicht luxuriöse, sondern überall viele gute Wohnungen gebaut werden, doch war an einen Wohnungsbau gedacht, der soziale Unterschiede abbaut bzw. verhindert, Freizeit zu gewinnen und sinnvoll zu gestalten hilft sowie gesundheitsfördernde Umweltbedingungen schafft.

Daran gemessen gelang es dem DDR-Wohnungsbau nicht, von den überdimensionierten Trabantenstädten, die eigentlich nur gesichtslose Schlafstädte sind, abzukommen. Daran ändert auch die Tatsache wenig, daß vorgesehen ist, verstärkt Neubauwohnungen in innerstädtischen Bereichen zu errichten. Die das Bild prägende Masse neuer Wohnungen entstand und entsteht nach wie vor in gesonderten Neubaugebieten, obwohl doch DDR-Bauminister Junker schon 1973 gefordert hatte, diese Praxis zu überwinden.

In den westlichen Ländern betrachtet man diese gettoähnlichen Großsiedlungen zunehmend mit Unbehagen, als Bausünden der sechziger Jahre. In der Bundesrepublik Deutschland gibt es nach Schätzungen etwa 500 000 solcher Wohnungen, wobei an einem Ort selten mehr als 20 000 konzentriert sind. Das extrem große Märkische Viertel in Berlin besteht aus rund 17 000 Wohnungen. Seit Jahren diskutieren unsere Experten, wie sich die Nachteile solcher Wohnanlagen durch Entflechten oder Auflockern begrenzen lassen. Auch der Abriß oder zumindest Teilabriß solcher Gebiete steht zur Debatte. Bundesbauminister Oskar Schneider empfahl 1986, von Hochhäusern und Trabantenstädten abzulassen. Die Hochhauseuphorie entspräche nicht den Wünschen der Menschen. Wohnungen in solchen Objekten, so der Minister, ließen sich immer schwieriger verkaufen oder vermieten.

Die DDR errichtet weiterhin solche Ansiedlungen zum Aufbewahren Berufstätiger mit Kindern. Stellvertretend dafür seien erwähnt der Ostberliner Stadtbezirk Marzahn mit 60 000 Wohnungen und bisher einer Volksschwimmhalle für über 200 000 Einwohner, womit der wegen seiner extrem dichten Besiedlung berüchtigte Vorkriegsstadtbezirk Prenzlauer Berg von seiner führenden Position verdrängt wurde. Zu benennen wären aus aktuellem Anlaß außerdem der Ostberliner Stadtbezirk Hohenschönhausen bzw. Leipzig-Grünau mit jeweils 35 000 Wohnungen sowie der neue Ostberliner Stadtbezirk Hellersdorf, in dem bis 1990 etwa 43 500 Wohnungen entstehen werden. Während heute in der DDR, wie erwähnt, in einer Wohnung durchschnittlich 2,4 Personen leben, übertreffen Hellersdorf mit 3,4 Personen und Marzahn (3,3) diesen statistischen Durchschnitt erheblich. In so dicht besiedelten, häufig stark kinderreichen Ballungszentren treten soziale Spannungen und Belastungen auf, die dem erhobenen sozialen Anspruch des Wohnungsneubaus direkt entgegenstehen. Insbesondere der nahezu synchrone Tagesrhythmus der überwiegend berufstätigen Bewohner bewirkt, daß sie sich vor allem in Extremsituationen begegnen, unausgeschlafen oder gestreßt in überfüllten Personenaufzügen bzw. öffentlichen Verkehrsmitteln, in Wohngebietsverkaufsstellen oder Kindergärten und dieses massenhaft gleichartige Miteinander hauptsächlich negativ empfinden. Hinzu kommt noch die Praxis der Wohnraumlenkung und -bewirtschaftung in der DDR, die den staatseigenen Betrieben das Neubauwohnungskontingent meist wohnblockweise übergibt, was dazu führt, daß die Belegschaft sich nicht nur am Arbeitsplatz, sondern auch im Wohngebiet in jeder Hinsicht »im Auge« behält. Außerdem schlägt das Überangebot an Monotonie aufs Gemüt, es mangelt an ästhetisch gelungenen Detaillösungen und eigener Atmosphäre. Der Ostberliner Slogan »Lieber zehnmal einen Zahn ziehen, als einmal nach Marzahn ziehen«, spricht für sich. Er umschreibt die ganze Widersprüchlichkeit der Wohnungsbaupolitik am Beispiel eines Neubaugebietes, das erst Ende 1987 fertiggestellt wurde.

Unter diesen und anderen Bedingungen scheint es nur konsequent, wenn das Bedürfnis nach Freiräumen, nach Garten und Wochenendhaus insbesondere unter den Bewohnern von Trabantenstädten unvermindert anhält. Das gilt von Halle über Ostberlin bis nach Schwerin und Rostock. Allein in Ostberlin gibt es 120 000 Gartengrundstücke, in der Regel mit Wochenendhaus. Bis 1990 sollen weitere 20 000 Parzellen hinzukommen. Die aktuelle Nachfrage übersteigt dieses Angebot um ein Mehrfaches.

Der industrielle Wohnungsbau der DDR, gewiß sehr produktiv, bringt Schlafstädte hervor, löst bestenfalls die Quartierfrage, nicht aber die Wohnungsfrage als soziales Problem. Ganz abgesehen davon, daß der Hang zum Wochenendhaus die finanziellen Vorteile staatlich subventionierter Niedrigmieten und, wegen der gesteigerten Nachfrage nach Baumaterial, den Effekt der materialsparenden Massenproduktion von Wohnraum, volkswirtschaftlich gesehen, zum Teil wieder aufhebt. Außerdem erzeugt er ein hohes Verkehrsaufkommen zum Wochenende, wenn die »Datschen-Rallye« einsetzt.

Zur qualitativen Analyse gehört auch eine genauere Bestimmung des Niveaus des Wohnungsbestandes. Er repräsentierte 1986 ein Volksvermögen von mehr als 220 Milliarden Mark. Etwa eine Million Wohnungen davon verwalten die 871 Arbeiterwohnungsbaugenossenschaften (AWG). Die Struktur der Wohnungen nach Baujahresgruppen unter der Annahme ermittelt, daß alle seit 1971 zum Ersatz von Altbauten errichteten Neubauten (837 786 Wohnungen) ausschließlich die ältesten Wohnungen betraf, was erklärtermaßen unrealistisch ist, weil allein dem Braunkohlenbergbau Wohnungen jeden Alters zum Opfer fallen, ergibt folgendes Bild: Im Jahre 1986 stammten fast 56 Prozent des Wohnungsbestandes der DDR aus der Vorkriegszeit (Bundesrepublik 27 Prozent). Beinahe 21 Prozent aller Wohnungen in der DDR wurden vor der Jahrhundertwende gebaut, darunter etwa 540 000 Einfamilien- und nochmals 230 000 Zweifamilienhäuser.

Zwar waren bis Ende 1987 etwas mehr als 1,4 Millionen DDR-Wohnungen an ein Fernwärmenetz angeschlossen (rund 20 Prozent aller), doch da im Jahre 1980 noch 72 Prozent aller Wohnungen über Zimmeröfen für feste Brennstoffe beheizt wurden, werden heute wohl noch mehr als 60 Prozent (über 4 Millionen Wohnungen) diese aufwendige und umweltbelastende Heizungsform betreiben. In der Bundesrepublik Deutschland waren 1986 etwa 7 Prozent der Wohnungen fern- und 9 Prozent, rund 2,25 Millionen Wohnungen, kohlebeheizt. Bis 1990 sollen in der DDR gut 1,8 Millionen Wohnungen (rund 25 Prozent aller) mit Fernwärme versorgt sein: 200 000 weniger als 1975 geplant.

Es kann gar kein Zweifel darüber bestehen, daß die SED-Führung zum Zeitpunkt der Annahme des Wohnungsbauprogramms einen größeren Teil der Altbausubstanz durch Neubauten zu ersetzen trachtete. Bekanntlich hielten die Fachleute noch 1974 mindestens 2,6 Millionen Altbauten nicht mehr für modernisierungs- und erhaltungswürdig. Bis 1980, so die damaligen Vorstellungen, sollte das Angebotsdefizit abgebaut sein. Tatsächlich trat diese Situation bis heute nicht ein, obwohl die mittlere Wohnbevölkerung zwischen 1971 und 1986 fast um 440 000 Einwohner abnahm. Knapp 1,2 Millionen Neubauten in den letzten zehn Jahren (im Jahresdurchschnitt 120 000) reichten einfach nicht aus, um die ehrgeizigen Ziele zu erreichen. Schließlich wurden zu einer Zeit, als das industrielle Bauen auf Plattenbasis noch nicht dominierte, auch schon einmal fast 86 000 Neubauwohnungen (1961) übergeben. Inzwischen entstanden 50 Plattenwerke, vornehmlich sowjetischer Herkunft, mit einer Jahreskapazität für über 100 000 Wohnungen. Gemessen daran nimmt sich der absolute Wohnungsbaurekord von 1981 recht bescheiden aus. Er liegt nur 47 Prozent über dem Ergebnis von 1961.

Die politisch Verantwortlichen in der DDR konnten schon Mitte der siebziger Jahre ausmachen, daß die ursprüngliche Absicht, Altbausubstanz verstärkt durch Neubauten zu ersetzen, nur um den Preis aufrechtzuerhalten war, daß man auf gewerbliche und repräsentative Bauten verzichtete. Diesen Weg wählten sie nicht. Doch auch vom Wohnungsbau selbst kam keine Entlastung, obwohl dort im Prinzip nur ein Standardtyp im komplexen Wohnungsneubau (WBS 70) verwendet wurde, der die Wohnungsausstattung weitgehend abmagerte (kaum noch Einbauten in Korridor und Schlafzimmer, einfachste Einbauküche, Verzicht auf Fliesen und meist auch Fenster in Küche und Bad/Toilette, einfachste Sanitärarmaturen, Balkon oder Loggia nicht in jeder Wohnung, kein Gäste-WC in größeren Wohnungen, keine Gewerberäume im Erdgeschoß). Auch der mit WBS 70 angekündigte Variantenreichtum, variables Wohnen genannt, blieb auf der Strecke, fiel dem Rotstift zu Opfer, um schneller und billiger bauen zu können. Erst seit Mai 1987 kam es zu Änderungen. Zumindest in Ostberlin sollen künftig alle Küchen und immerhin ein Fünftel der Bäder/Toiletten ein Fenster bekommen. Außerdem wurde auf vielfachen Wunsch der Mieter durch veränderte Anordnungen im Sanitärbereich die Stellfläche für eine Waschmaschine gewonnen.

Auch flüchtiges Bauen, häufig die Folge von Nachtschichtarbeit, konnte die Defizite im Neubau nicht verhindern. Im Gegenteil: Inzwischen mehren sich die Stimmen, um darauf hinzuweisen, daß auch im auf Menge getrimmten industriellen Wohnungsbau Qualitätsanforderungen einzuhalten sind. Immer häufiger treten gravierende Mängel und Schäden in den Außenwand- und Dachkonstruktionen auf, die insbesondere aus Fehlern bei der Fertigung der Wetterschicht der dreischichtigen Außenwand von Großtafeln herrühren. Zunehmend Kritik gibt es auch an der aufsteigenden Feuchte im Erdgeschoßbereich, die sich bei 60 Prozent der Alt-, aber auch bei 45 Prozent der Neubausubstanz nachweisen läßt, steigende Heizkosten verursacht und langfristig die Stabilität der Gebäude beeinträchtigt. Fast fünf Millionen Wohnungen (mehr als 70 Prozent) sind ohne wärmetechnische Verbesserungen, obwohl die DDR jährlich rund 72 Millionen Tonnen Rohbraunkohle, knapp ein Viertel der Gesamtförderung, zum Heizen der Wohnungen (acht Tonnen pro Wohnung) verwendet. Viele Wärmeverluste entstehen in den Neubauwohnungen, weil die Deckenplatten keine innere Isolierung besitzen, die Fenster nicht dreifach verglast sind und/oder undicht schließen. Seit kurzem beschränkt sich die fachliche Kritik nicht mehr nur auf Details der Bauausführung. Beanstandet werden die Qualität der Projekte, die Anfälligkeit der Konstruktionen, die architektonische Gestaltung wie auch die Zunahme verdeckter Mängel, weshalb die Gefahr des frühzeitigen Verschleißens der industriell gefertigten Wohngebäude in der DDR wachse. Unter diesen Umständen kann man die Freude des Ostberliner Hauptdirektors des Wohnungsbaukombinates verstehen, daß seine Mitarbeiter im Jahre 1986 nur noch in jeder dritten bis vierten Neubauwohnung Mängel beseitigen mußten, nachdem die Mieter bereits eingezogen waren, während es 1984 noch jede zweite Wohnung betraf.

Schließlich begünstigte der großindustrielle, aus Produktivitätsgründen auf Ballungsräume konzentrierte Neubau in der DDR die Schwerpunktversorgung mit Wohnraum. Das flache Land kam zu kurz. In allen Landgemeinden wurden seit 1971 zusammengenommen nicht mehr als 152 000 Wohnungen neu gebaut oder modernisiert. Das leistete der Entvölkerung ländlicher Siedlungen und Kleinstädte Vorschub. Bis 1990 soll dieser Zuzugstrend in Ballungsgebiete gestoppt sein.

Die relative Leistungsschwäche des industriellen und übrigen Wohnungsneubaus führte beinahe zwangsläufig zur Neubewertung der Rekonstruktion von Altbauten. Ursprüngliche Überlegungen sahen es als ausreichend an, wenn in der Zeit zwischen 1980 und 1990 etwa 500 000 Altwohnungen modernisiert würden, nachdem vorher ein kräftiger Wohnungsneubau dafür die Voraussetzungen geschaffen hatte. Tatsächlich dürften es, die Planungen bis 1990 berücksichtigt, mindestens 850 000 modernisierte Altwohnungen werden.

Mit 100 212 rekonstruierten Wohnungen (1987) wurde das Abrechnungsergebnis von 1980 um das Doppelte übertroffen. Abgeschwächt setzt sich diese Tendenz fort, denn der Plan für 1988 sieht 101 462 Modernisierungen vor. Das damit verbundene Hauptproblem: Die verfügbare Altsubstanz befindet sich inzwischen in noch schlechterem Zustand als zu der Zeit, da das einem Großteil der Altbauten keine Perspektive mehr einräumende Wohnungsbauprogramm verabschiedet wurde. Vor allem der immer wieder öffentlich gerühmte niedrige Mietzins, der etwa ein Drittel der Unterhaltskosten je Wohnung deckt, setzte insbesondere Privatvermieter, die diese Differenz vom Staat ja nicht ersetzt bekommen, außerstande, durch Werterhaltungsmaßnahmen dem Verfall entgegenzuwirken. Nun, da die politische Führung doch mehr Rücksicht auf die Altbauten nehmen muß als einstmals beabsichtigt, änderte sie ihren Kurs. Im Jahre 1984 startete der Wohnungsbauminister der DDR ein groß angelegtes Dachinstandsetzungsprogramm, um bis 1987 alle Dächer, auch jene von Privatvermietern, in ordnungsgemäßen Zustand zu versetzen. Dabei handelte es sich fast um 80 Millionen Quadratmeter Dachfläche. Natürlich wurde dieses Programm offiziell erfolgreich abgeschlossen. Aber erstens unterließ man es aus Zeit- und Materialgründen, die Dachinstandsetzungen mit entsprechenden Wärmedämmaßnahmen zu koppeln. Zweitens häufen sich in der DDR-Presse kritische Hinweise zum Zustand der Dächer trotz erfüllten Dachinstandsetzungsprogramms. Nun steht die Aufgabe, bis 1990 rund ein Viertel der gesamten Dachfläche in der DDR von Grund auf zu sanieren.

Privatvermieter können zur Finanzierung von Modernisierungsmaßnahmen staatliche Kredite zu Vorzugszinsen von nur einem Prozent einsetzen. Andererseits wächst der Druck, dies auch zu tun. Mieter dürfen den Mietpreis mindern, solange Mängel den vertragsgemäßen Gebrauch einer Wohnung beeinträchtigen, und staatliche Stellen können zur Inanspruchnahme von Modernisierungskrediten auch verpflichten.

Mehr und mehr gewinnt die industrielle Rekonstruktion und Sanierung von Altbauten an Gewicht, was einschließt, solche Arbeiten in Mehrschicht auszuführen, um die Bauzeiten zu senken. Das für Ostberlin festgelegte Zeitlimit zur Rekonstruktion eines Mietshauses beträgt vier Monate, aber es gibt Verpflichtungen, dafür nur noch sieben Wochen zu benötigen. Ohne Zweifel bietet das gleichrangige Behandeln von Neubau und Modernisierung kostenökonomische Vorteile: Es hilft aber auch, vertraute Stadtbilder und deren eigenes Gesicht zu erhalten. In Kenntnis der Art und Weise, wie in der DDR Altbausanierung betrieben wird, muß man jedoch starke Zweifel anmelden, daß stadtästhetische Erwägungen den Entscheidungsprozeß tatsächlich maßgeblich beeinflußten. Die bisherige Praxis läßt vermuten, daß in der Altbaumodernisierung vordergründig das Mittel gesehen wird, die parteioffiziellen Ziele bis 1990 statistisch zu erfüllen. Wollte man den Altbau tatsächlich ansprechend erneuern, auf den zeitgemäßen Stand bringen, wären mehr Geld, vor allem aber mehr Material und Zeit nötig. Modernisieren bedeutete 1974 einmal, die erhaltenswerte Wohnsubstanz der Wohnqualität des Wohnungsneubaus anzugleichen. Alle Wohnungen sollten mit Bad oder Dusche und IWC ausgestattet sein und möglichst moderne Heizung erhalten. Zu jener Zeit wurde sogar vorgeschlagen, als modernisiert nur solche Vorhaben abzurechnen, die folgende Grundforderungen erfüllten: moderne Sanitärinstallationen, mehrere Stromkreise, Warmwasseranschluß sowie zu einem späteren Zeitpunkt auch ein modernes Heizsystem.

Welcher finanzielle Beitrag für die beabsichtigten Maßnahmen aufzubringen war, geht aus einer auf Eigenheime bezogenen Kalkulationsvorschrift von 1978 hervor, wobei mehr die Relationen als die absoluten Beträge interessieren. Man unterschied drei Modernisierungsstufen mit folgenden Aufwandsgrößen:

Stufe I (IWC-Einbau)	2 000,00 Mark
Stufe II (Bad-/IWC-Einbau)	6 000,00 Mark
Stufe III (Bad-/IWC-Einbau, moderne Heizung)	18 000,00 Mark

Im Jahre 1983 veranschlagte man offiziell den Rekonstruktionsaufwand je Wohnung mit 35 000 Mark. In Berücksichtigung des Kosten- und Zeitfaktors wurde entschieden, daß ein Großteil der Altwohnungen mit der Verjüngungskur keine bequeme Sammelheizung erhält. Von den zwischen 1971 und 1985 modernisierten 838 500 Altwohnungen wurde nur in rund 210 000 (25 Prozent) ein entsprechendes Heizungssystem eingebaut.

Wie bescheiden die Maßstäbe auch für die Rekonstruktion der elektrischen Anschlüsse ausfielen, geht aus einem amtlichen Beschluß hervor. Ihm zufolge sollten zwischen 1973 und 1975 etwa 600 000 Wohnungen von 6 Ampere (1,3 kW) auf 10 Ampere (2,2 kW) umgerüstet werden, damit 65 Prozent aller Wohnungen über 10 Ampere Elektroinstallation verfügten und gewisse Voraussetzungen für den zu erwartenden Versorgungsgrad der Haushalte mit elektrischen Geräten mitbrachten. Beschlossen vor dem Hintergrund, daß sich der Energiebedarf der DDR-Haushalte von 1960 bis 1970 verdreifachte und Stichprobenhaushalte schon 1965 im Mittel elektrische Geräte mit einem Anschlußwert von 5,2 kW besaßen.

Hinter dem Einbau von Dusche oder Bad in Altbauten verbirgt sich inzwischen nicht selten die einfachste Lösung: Die in einem von der Küche abgetrennten Raum aufgestellte Wanne oder Dusche. Das läßt sich bautechnisch erheblich leichter nachrüsten als Sammelheizung, IWC oder Totalerneuerung der Installation.

Aus allem erklärt sich, weshalb 1986 zwar 76 Prozent aller Wohnungen in der DDR über Badewanne (nicht unbedingt Bad) oder Dusche verfügten (Bundesrepublik 1982: 92 Prozent), während nur 68 Prozent ein IWC (95 Prozent) und bestenfalls 35 Prozent eine Sammelheizung (70 Prozent) aufwiesen.

4. Gesamtbewertung

Quantitativ betrachtet legte der Wohnungsbau in der DDR einen ziemlichen Weg zurück, um für 1990 die gültigen Parteiziele beim Neubau zu erfüllen, namentlich in letzter Zeit verstärkt auf Kosten der ebenfalls im Wohnungsbauprogramm versprochenen »dazugehörenden gesellschaftlichen Einrichtungen«. Vor allem Jugendliche beklagen das fehlende Angebot zur sinnvollen und abwechslungsreichen Freizeitgestaltung.

Die erwähnenswerten Bauleistungen waren zudem nur mit erheblichen Qualitätsabstrichen zu erbringen. Es wurde enger gebaut, um Aufschlußarbeiten einzusparen. Die Wohnräume sind klein und weichen inzwischen so stark von den international üblichen Normen ab, daß der DDR-Möbelindustrie der Auftrag erteilt werden mußte, für den Inlandsmarkt Möbel zu entwerfen und zu bauen, die sich an den Räumlichkeiten des Wohnungsbaus ausrichten, d.h. besonders platzsparend ausfallen.

Zweifelsohne ist es gelungen, die Situation am »Wohnungsmarkt« für die mit der staatlichen Zuweisung von Wohnraum an die Bevölkerung befaßten Behörden weiter zu entspannen, um schrittweise jedem Bedürftigen eine Wohnung zur Verfügung stellen zu können. Doch ebenso bleibt es Praxis, die behördliche Wohnraumzuweisung nach gesellschaftlichen, sozialen und volkswirtschaftlichen Prioritäten vorzunehmen. Das sieht dann beispielsweise so aus: Im Verwaltungsbezirk Magdeburg (1 263 000 Einwohner) lagen im ersten Halbjahr 1987 rund 56 700 Wohnungsanträge vor. Davon wurden 26 400 Anträge als sozial dringlich eingestuft. Die übrigen, so der Verantwortliche für Wohnungspolitik im Bezirk, könnten nur bedingt berücksichtigt werden, vor allem jene von jungen Leuten, die bei den Eltern logieren könnten.

Gleichzeitig messen die Verwaltungen in der DDR dem behördlich organisierten Wohnungstausch wachsende Bedeutung zu, um ohne zusätzliche Bauleistungen die Wohnqualität für den einzelnen zu verbessern. In Ostberlin beispielsweise besteht eine rechnergestützte Wohnungstauschzentrale, die 1985 rund 10 000 Wohnungswechsel vermittelte. Im Verwaltungsbezirk Erfurt fanden auf gleichem Wege 1986 etwa 11 000 Wohnungswechsel statt und im Verwaltungsbezirk Schwerin 1987 rund 1 500.

Parallel dazu verstärken sich die Bemühungen der für alle Wohnraumzuweisungen und jeden Wohnungstausch zustimmungspflichtigen Wohnungsämter, sogenannten unterbelegten Wohnraum aufzuspüren und deren Nutznießer zum Umzug in kleinere Wohnungen zu bewegen. Allein im Verwaltungsbezirk Erfurt soll es nach amtlichen Darstellungen 20 000 bis 30 000 solcher Unterbelegungsfälle geben, denen etwa 10 000 überbelegte Wohnungen gegenüberstehen.

Den Plansatz für den Wohnungsbau bis 1990 einbezogen, werden in den zwanzig Jahren seit 1970 etwa 2,2 Millionen Wohnungen neu erbaut und etwa 1,3 Millionen generalüberholt, also 3,5 Millionen Wohnungen durch Neubau oder Modernisierung entstanden sein. Dieses Ergebnis entspräche den Zielen des Wohnungsbauprogramms. Unterstellt, der Wohnungsbestand in der DDR müßte sich in den nächsten Jahren nur noch geringfügig vergrößern, so daß mit dem Neubau verstärkt Altsubstanz ersetzt werden könnte, bliebe am Ende des Jahres 1990 trotz aller Anstrengungen mindestens folgender nichtmodernisierter Altbaubestand übrig: 630 000 Wohnungen, bestenfalls aus der Zeit von 1900 bis 1918, 725 000 Wohnungen (1919—1932) und 615 000 Wohnungen (1933—1945).

Daraus folgt: Auf etwa zwei Millionen Altbauten, ca. 30 Prozent des Bestandes, hätte das Wohnungsbauprogramm keine direkten Auswirkungen gehabt. Gemessen an dem, was die DDR-Führung heute als Lösung der Wohnungsfrage definiert, nämlich daß prinzipiell und überall für jede Familie und jeden selbständigen Haushalt eine eigene Wohnung in »angemessener Größe« zur Verfügung stehen möge, wird sie ihr Ziel vielleicht erreichen. Das bedeutet aber nicht, die Zwangsbewirtschaftung des Wohnraums durch die staatliche Wohnraumlenkung abzuschaffen. Sie wird bleiben, ebenso die Zuzugssperren für verschiedene Städte, in die nur ziehen darf, wer einen Arbeitsplatz nachweisen kann. Auch Zweitwohnungen bleiben unstatthaft. Von gestiegener Mobilität am Wohnungsmarkt keine Spur. Wer eine gute Wohnung hat, wird an ihr festhalten, notfalls auch um den Preis besserer beruflicher Chancen. Jugendliche schließlich werden weiterhin so lange als möglich bei den Eltern wohnen müssen, denn alleinstehend ohne Kind fehlt ihnen der Anspruch, als selbständiger Haushalt anerkannt zu werden.

Qualitativ betrachtet stellt sich die Lage eher ungünstiger dar. Honecker selbst verwies darauf, daß Ende 1990 noch immer 14 Prozent aller Wohnungen weder Badewanne/Bad noch Dusche und 21 Prozent kein IWC haben werden. Außerdem durfte mehr als 50 Prozent aller Wohnungen die moderne Sammelheizung fehlen. Regional, auch das ging aus Honeckers

Angaben hervor, bleiben die Qualitätsunterschiede erheblich. Während beispielsweise nahezu alle Ostberliner, falls die Vorzugsplanungen Realität werden, ins nächste Jahrzehnt mit Bad und IWC gehen können, müssen 17 Prozent der Bewohner im Ver waltungsbezirk Schwerin auf Badewanne/Bad oder Dusche und 33 Prozent jener des Bezirks Dresden auf das IWC verzichten. Vor Ort, das haben statistische Durchschnitte ja so an sich, kann es durchaus noch schlimmer sein. Im Vogtländischen Kreis Auerbach beispielsweise fehlte 1987 sogar noch 68 Prozent aller 33 000 Wohnungen das IWC.
Wird unter diesen Voraussetzungen die Wohnungsfrage als soziales Problem gelöst?
Der Bauminister der DDR hatte im Zusammenhang mit seiner Vorlage zum Wohnungsbauprogramm und der Diskussion um die Qualität, in der es zu realisieren sei, davon gesprochen, dies mache für jeden sichtbar, wie »wir« es in der Praxis verstehen, auf einem so wichtigen Gebiet unseres Lebens die Überlegenheit des realen Sozialismus über die kapitalistische Ausbeuterordnung zu demonstrieren. Fortan bezeichnete man das Wohnungsbauprogramm auch als den Kern der Sozialpolitik der DDR.
Seitdem sind fast fünfzehn Jahre vergangen. Von Überlegenheit gegenüber der Bundesrepublik Deutschland spricht niemand mehr. Wieso auch, wo doch in der DDR ein Versorgungsniveau mit Wohnraum anzutreffen ist, das statistisch betrachtet dem der Bundesrepublik Ende der sechziger Jahre ähnelt.
Selbst innerhalb der DDR wurde das Versprechen, weitgehend gleiche Lebensbedingungen für alle Bürger zu schaffen, nicht nur nicht eingehalten, sondern die regionalen Unterschiede teilweise weiter verstärkt. Besonders in den Zentren vieler Mittelstädte (z.B. Weimar, Brandenburg, Quedlinburg) wurde in der vergangenen Zeit so wenig zur Sanierung unternommen, daß Verfall und Überalterung der Bauhülle absehbar nur noch mit großflächigem Abriß und industrieller Neubebauung zu begegnen ist.
Andererseits verwerfen die Verantwortlichen in der DDR bisher Konzeptionen, die, um die Wohnbedingungen zu verbessern, den Abriß eines Viertels bis eines Drittels der aus der Zeit von 1870

bis 1914 stammenden Bebauung vorschlagen, weil, wie es heißt, für diese hohe Wohndichte ein Neubauersatz zu teuer würde. Mit dem sich hinter den Realitäten im Vergleich zum Anspruch von 1973 verbergenden Unterschied unzweifelhaft vertraut, folgt deshalb heute aus Parteikreisen der Hinweis, nach 1990 trete dann die Erhöhung der Wohnkultur noch stärker in den Vordergrund. Daraus leiten sich Aufgaben in großen Dimensionen ab, die die politisch Verantwortlichen, die Wirtschaft und die Bevölkerung noch bis weit nach der Jahrtausendwende beschäftigen dürften.

IV. Arbeit und Einkommen

1. Der Produktionsfaktor Arbeit

Am volkswirtschaftlichen Ergebnis ist in der DDR nahezu die gesamte arbeitsfähige Bevölkerung, rund 10,8 Millionen Menschen oder 65 Prozent der Einwohner, beteiligt. Von diesen Arbeitsfähigen sind laut offizieller Statistik etwa 8,5 Millionen berufstätig, darunter ca. 10 Prozent (270 000) aller Altersrentner. Die Auszubildenden einbezogen, arbeiten amtlich etwa 8,9 Millionen Personen.

Doch diese Angaben sind unvollständig. Aus macht- und sicherheitspolitischen Gründen verschweigt die DDR-Statistik seit 1955 die Beschäftigten eines bestimmten Kreises von Betrieben und Verwaltungen (Ministerium für Staatssicherheit, Polizei und nationale Streitkräfte, einschließlich der ihnen unterstellten Betriebe, SDAG-Wismut, Dienststellen im Ausland). Seit 1966 rückwirkend werden auch die Beschäftigten in gesellschaftlichen Organisationen, letztmals 1960 in einer Höhe von 50 581 Personen ausgewiesen, nicht mehr genannt.

Um dennoch die Dunkelziffer der tatsächlich Beschäftigten (ohne Auszubildende) überschlägig zu ermitteln, ist folgende Rechnung möglich: Die oberste Grenze bildet die Zahl der Wahlberechtigten, der Einwohner mit vollendetem 18. Lebensjahr. Sie betrug im Juni 1986 rund 12,4 Millionen. Reduziert man diesen theoretischen Höchstwert um die Altersrentner, Direktstudenten, Abiturienten des Jahres 1986, sitzengebliebenen und sonstigen Abiturienten, Auszubildende im letzten Ausbildungsjahr, Arbeitsunfähigen und Nichtarbeitenden und addiert die berufstätigen Rentner hinzu, dann müßten etwa 9,1 bis 9,2 Millionen Einwohner (einschließlich Wehrpflichtige) einer arbeitsrechtlich geregelten Beschäftigung nachgehen, etwa 8 Prozent mehr, als die Statistik zugibt. Stellt man diesen Umstand in Rechnung, dann dürften etwa 55 Prozent der Gesamtbevölkerung erwerbstätig sein (Bundesrepublik Deutschland: 42 Prozent). Das ist ein erkennbar sehr hoher Prozentsatz, in dem sich auch der sozialpolitische Stellenwert der Arbeit in der DDR widerspiegelt. Die Verfassung der DDR (Grundgesetz) garantiert im Artikel 24 das Recht auf zumutbare, der Qualifikation angemessene Arbeit. Im Rechtsweg einklagbare Arbeitspflicht besteht nicht. Wer allerdings das Recht auf Arbeit anmahnt, hat auch die Pflicht, ihm angebotene Arbeitsmöglichkeiten diszipliniert wahrzunehmen. Arbeitsbummelei wird nicht geduldet. Die politische Führung hat sehr großes Interesse daran, wie bereits erwähnt, jeden Arbeitsfähigen am Arbeitsleben teilhaben zu lassen. Am Arbeitsplatz vollziehen sich wichtige Erziehungsprozesse, verbringt der Erwerbstätige unter öffentlicher Anteilnahme den Hauptteil seiner aktiven Lebenszeit.

Trotz abnehmender mittlerer Wohnbevölkerung zwischen 1970 und 1986 um knapp 3 Prozent stieg die offizielle Zahl der Erwerbstätigen (ohne Auszubildende) um 10 Prozent, darunter die der weiblichen sogar um 12 Prozent auf 4,2 Millionen. In letzter Zeit verlangsamt sich das Beschäftigungswachstum. Zwar nahmen die weiblichen Beschäftigten von 1980 bis 1986 noch um 2 Prozent zu, erzielten sie unter Einschluß der Auszubildenden einen amtlichen Anteil von 83 Prozent an allen arbeitsfähigen weiblichen Einwohnern. Halbamtliche Quellen sprechen offensichtlich unter Einschluß aller Lernenden und Studierenden sogar von 91 Prozent (4,9 Millionen). Zum Vergleich die Bundesrepublik Deutschland: Rund 11 Millionen berufstätige Frauen erzielen einen Anteil von gut 53 Prozent. Etwa 75 Prozent der berufstätigen Frauen in der DDR sind vollzeitbeschäftigt.

In den vergangenen Jahren verbesserten sich die Arbeitsbedingungen nicht bemerkenswert. Die durchschnittliche wöchentliche Tarifarbeitszeit, ohne Pausen, Überstunden und sonstige politische Einsätze verharrt mit 43,75 Stunden heute für mehr als 73 Prozent aller abhängig Beschäftigten noch auf dem Stand von 1967, auch wenn insbesondere durch die sozialpolitischen

Entscheidungen von 1977 etwa 27 Prozent aller amtlich ausgewiesenen Beschäftigten (Schichtarbeiter und vollzeitbeschäftigte Mütter mit mindestens zwei Kindern) bei vollem Lohnausgleich nur noch 40 bzw. 42 Wochenstunden tätig sein müssen. Obwohl das Arbeitsgesetzbuch von 1978 im § 160 den weiteren schrittweisen Übergang zur 40-Stunden-Arbeitswoche in Aussicht stellt, erreichten bisher nur 20 Prozent aller offiziell genannten Beschäftigten dieses Ziel und weitere 7 Prozent dürfen sich mit 42 Wochenstunden begnügen. Das ergibt für die DDR-Wirtschaft durchschnittlich knapp 43 Wochenstunden tariflicher Arbeitszeit, während im westeuropäischen Maßstab 40 Pflichtstunden und weniger sich allgemein durchgesetzt haben. Auch mit der gesetzlichen Höchstarbeitszeit von 56 Wochenstunden übertrifft die DDR die Regelungen westlicher Industrieländer (Bundesrepublik, Japan, Italien jeweils 48 Stunden) ganz erheblich.

Ähnlich ungünstig ist die Situation beim durchschnittlichen Erholungsurlaub, der für Vollzeitbeschäftigte seit 1979 auf 18 Arbeitstage festgelegt wurde, obwohl auch hier seit 1977 für bestimmte Beschäftigungsgruppen Modifikationen gelten. Vollerwerbstätige im Zweischichtrhythmus erhalten ab 1981 drei bzw. acht Tage (bei durchgehender Sonnabend- und Sonntagsarbeit), im Dreischichtrhythmus fünf bzw. zehn Tage Zusatzurlaub.

Außerdem bekommen seit Jahresbeginn 1988 weibliche Vollzeitbeschäftigte ab dem vollendeten 55. Lebensjahr und männliche ab dem vollendeten 60. Lebensjahr einen altersabhängigen fünftägigen Zusatzurlaub. Fast 860 000 Berufstätige (davon 530 000 weibliche) kommen in den Genuß dieser Regelung.

Die Mehrzahl aller Vollzeitbeschäftigten hat jedoch mit Zusatzurlaub zwischen 21 und 23 Gesamturlaubstage, während sich bundesdeutsche Arbeitnehmer durchschnittlich an 26 bis 30 Urlaubstage gewöhnt haben.

Alles in allem verbringen die abhängig Beschäftigten in der DDR wesentlich mehr Lebenszeit am Arbeitsplatz als ihre Kollegen in der Bundesrepublik Deutschland, zumal die Zahl der bezahlten Feiertage von elf (1966) auf heute sieben zurückging. Unter Berücksichtigung der Feier- und Ferientage sowie der wöchentlichen Sollarbeitszeit müssen sie im Durchschnitt pro Jahr etwa 2 000

Stunden und damit rund 300 Stunden länger tätig sein als hier und im übrigen Westen. Lediglich Japan überragt den DDR-Durchschnitt um 200 Stunden. Für jene Personen in der DDR mit Anspruch auf einen Hausarbeitstag je Monat reduziert sich der Arbeitszeitabstand gegenüber dem Westen auf rund 200 Stunden. Mit anderen Worten:
Die DDR übertrifft die Bundesrepublik Deutschland im Grad der Erwerbstätigkeit (ohne Schattenwirtschaft und sonstige Nebenerwerbstätigkeit) um 13 Punkte (55 Prozent gegenüber 42 Prozent) und bei der Jahressollarbeitszeit um 10 bis 15 Prozent. Beides spricht für einen extensiven Einsatz des Produktionsfaktors Arbeit, zumal nur 25 Prozent aller weiblichen Beschäftigten Teilzeitarbeit verrichten. Produktivitätsvergleiche zwischen den Wirtschaftssystemen in Deutschland sollten deshalb nicht auf der Leistung je Beschäftigten, sondern auf der Leistung je Jahresarbeitsstunde basieren, damit die Vergleichsmaßstäbe übereinstimmen.

2. Die Zunahme der Schichtarbeit

Wirklich einschneidend verändert hat sich in den letzten Jahren die DDR-amtliche Haltung zur Schichtarbeit. Entgegen früheren Positionen, da die SED-Führung unter Hinweis auf Karl Marx die Schichtarbeit als übelstes Mittel kapitalistischer Schweißauspressung verteufelte, ist man heute daran interessiert, sie auszuweiten, wo immer möglich. Offiziell wird diese Tatsache natürlich nicht sehr gern zugegeben, weshalb die DDR-Statistiken seit 1985 versuchen, durch veränderte Berechnungsmethoden den Sachverhalt zu verschleiern. Dennoch: Allein die Zahl der Dreischichtarbeiter in den ministeriell angeleiteten Industriebetrieben stieg von 325 000 (1970) auf 468 000 im Jahre 1985. Während 1970 nur 17,4 Prozent aller Industriearbeiter dreischichtig tätig waren, stieg ihr Anteil bis 1986 auf 25 Prozent. In Ostberlin vergrößerte sich die Zahl der Schichtarbeiter von 1980 bis 1986 um 30 Prozent.
Eben diese Bemühungen um die Schichtarbeit machen deutlich, was es mit der tatsächlichen Leistungskraft der DDR-Wirtschaft

auf sich hat. Immer wieder fordert die Parteispitze, die Dreischichtarbeit zu verstärken und dafür die richtige ideologische Position einzunehmen. Schichtarbeit, so Günter Mittag im Jahre 1984, sei jene Art und Weise der Organisation des Arbeitsregimes, die den Erfordernissen der sozialistischen Ökonomie im Interesse der Erhöhung der Leistungen für das Wohl des Volkes gemäß sei. In Wirklichkeit hatte Mittag nachgerechnet, daß jede Stunde längere Auslastung des Produktivkapitals in der ministeriell angeleiteten Industrie je Kalendertag das Volumen der industriellen Gütererzeugung jährlich um 30 Milliarden Mark ansteigen lassen würde, ohne dafür Investitionen aufbringen zu müssen. Dafür ein praktisches Beispiel: Im VEB Automobilwerke »Sachsenring« Zwickau (früher Horch) wechselten über 1 000 Belegschaftsmitglieder Anfang 1985 von der Zwei- zur Dreischichtarbeit. Dadurch gelang es, die Produktion des »Trabant« gegenüber der Vorjahresleistung um 5 Prozent zu steigern. Allerdings nur, weil auch wichtige Zulieferer diesem Beispiel folgten.

Erich Honecker wies 1986 nochmals darauf hin, daß die ökonomischen Rechnungen nicht aufgehen könnten, wenn der gewaltige Maschinenpark den größten Teil des Tages stillstünde. Während in der Industrie der Bundesrepublik Deutschland nur 11 Prozent aller Arbeitnehmer samstags tätig sind, und beispielsweise die IG Metall den arbeitsfreien Samstag nach wie vor für unverzichtbar erklärt, unterstützt die Gewerkschaftsleitung des FDGB in der DDR die Wirtschaftspolitik der SED auch in dieser Frage uneingeschränkt. Ihr Vorsitzender, Harry Tisch, forderte dazu auf, im sozialistischen Wettbewerb noch zielgerichteter auf die Ausweitung der Schichtarbeit Einfluß zu nehmen, obwohl doch sattsam bekannt ist, daß viele Menschen Nachtarbeit und Schichtwechsel gesundheitlich nicht vertragen, Magengeschwüre, Neurosen und andere Erkrankungen ursächlich damit in Verbindung stehen.

Die zentralstaatlichen Vorgaben zum Einsatz von Industrierobotern beispielsweise folgen der amtlichen Linie. Sie schreiben unter anderem deren dreischichtigen Betrieb vor.

Exakte Zahlenangaben über die Schichtarbeit in der gesamten Volkswirtschaft liegen nicht vor. Aus dem Jahre 1977 datiert der Hinweis, es seien 1,2 Millionen Schichtarbeiter tätig (etwa 15 Prozent aller amtlich ausgewiesenen Beschäftigten). Neuere Angaben von 1987 sprechen von 561 000 Zweischichtlern und rund 1,7 Millionen Dreischichtlern einschließlich Müttern mit zwei und mehr Kindern. Da für letztere 1985 die Zahl 460 000 bekannt wurde, dürften die reinen Mehrschichtler inzwischen rund 1,8 Millionen (21 Prozent aller), darunter gut 1,2 Millionen Dreischichtler umfassen. Doch bei diesen Schätzungen kann es sich nur um Mindestgrößen handeln, da nicht auszuschließen ist, daß ein Teil der betroffenen Mütter Schichtdienst verrichtet. Schließlich ist ein Drittel aller Mehrschichtarbeiter in der Industrie weiblich. Bei jungen Produktionsarbeiterinnen unter 25 Jahren arbeitet sogar jede zweite mehrschichtig, nicht selten auch nachts.

Wie hoch die abschließenden Zahlen auch liegen mögen, die Bemühungen um die Schichtarbeit halten an. In einem Beschluß des Zentralrates der kommunistischen Jugendorganisation Freie Deutsche Jugend (FDJ) verpflichteten sich die Delegierten der vierten Tagung, im Jahre 1986 rund 35 000 junge Beschäftigte für die Mehrschichtarbeit zu werben. Bereits 1984 hatte man 18 000 Jugendliche vorwiegend für die Dreischichtarbeit gewonnen und bis November 1985 wurden nochmals 30 000 junge Schichtarbeiter gemeldet.

Neu ist außerdem, daß die Mehrschichtarbeit vor Beschäftigten mit Hochschulabschluß nicht mehr halt macht. Bereits 33 Prozent der 1985 in der Produktion eingesetzten Hochschulabsolventen arbeitet mehrschichtig. Diese Tendenz wird sich mit dem breiten Einsatz von Personalcomputern verstärken, deren mehrschichtige Nutzung von der Parteiführung gefordert wird, da Computer keine Ruhepause brauchten. Bis Ende 1990 sollen fast 90 000 Arbeitsstationen zur rechnergestützten Projektierung, Konstruktion, Produktionsvorbereitung und -durchführung sowie 130 000 Personalcomputer installiert sein. Daraus folgt, daß in immer größerem Ausmaß Technologen, Ingenieure und Informatiker in die Mehrschichtarbeit einbezogen werden müssen. Aber auch die theoretische und praktische Ausbildung jener sechszehn- bis achtzehnjährigen Auszubildenden, die mit hochproduk-

tiver Technik vertrautzumachen sind, vollzieht sich zunehmend in mehreren Schichten, um, wie es heißt, die neue Technik rund um die Uhr auszulasten.
Weitere Berufsgruppen, so beispielsweise qualifiziertes medizinisches Personal, geraten in den Sog der Mehrschichtarbeit. Sogenannte Früh-, Spät- und Sonnabendsprechstunden in Polikliniken, Ambulanzen und staatlichen Arztpraxen gibt es bereits in allen Verwaltungskreisen der DDR. Die neueste Ostberliner Errungenschaft sind nun auch Sonntagssprechstunden in Polikliniken.
Wie weit die Konsequenzen wachsender Schichtarbeit reichen, belegen öffentlich geführte Diskussionen, die nicht selten den Nichtschichtarbeiter moralisch unter Druck setzen. Da werden Bäckerläden, Kinderkrippen und -gärten, die bereits vor sechs Uhr früh geöffnet haben, gefordert, hofft man auf umfassende Unterhaltungsmöglichkeiten (Gast- und Sportstätten, Kinos, Clubs) in den Nacht- bzw. Vormittagsstunden, verlangt vollwertige Dienstleistungen zu allen Tages- und Nachtzeiten von den Betriebskantinen bis zum Berufsverkehr. Es steht zu befürchten, daß der Trend zur Schichtarbeit das soziale Klima in der DDR zusätzlich ungünstig beeinflußt, weil Infrastruktur und Dienstleistungssphäre diesen Anforderungen nur bedingt gewachsen sein werden.

3. Erholungsmöglichkeiten und betriebliche Sozialleistungen

Der gewachsenen Belastung durch Schichtarbeit insbesondere im produzierenden Gewerbe, im Handel und Transportwesen stehen keine entsprechenden Möglichkeiten zu intensiver Erholung gegenüber. Die Kapazitäten des gewerkschaftlichen Feriendienstes beispielsweise reichen nicht. Zwar verabschiedete die Parteiführung im März 1972 ein Papier zur Entwicklung des Feriendienstes der Gewerkschaften sowie zu Fragen der Kuren, doch zeigten sich bald andere Prioritäten. Das Wohnungsbauprogramm, das Programm zum Aufbau Ostberlins, der Bedarf an Wohnunterkünften für eine wachsende Zahl polnischer und vietnamesischer Gastarbeiter wie auch an Devisenhotels für den anschwellenden Strom westlicher Touristen, um nur einige Vorhaben zu nennen, drängten den Ausbau des gewerkschaftlichen Feriendienstes wieder in den Hintergrund. Während es bis 1975 gelang, das Bettenangebot in fünf Jahren um 24 Prozent auf 110 000 zu steigern, benötigte man für einen vergleichbaren Kapazitätszuwachs in der Folgezeit immerhin elf Jahre (1986 ca. 136 000 Betten). Dies vor dem Hintergrund, daß die an der Ostseeküste geführten Gewerkschaftsheime in der Regel 80 bis 100 Jahre als sind.

Ausgleichen ließen sich die Tempoverluste nur dadurch, daß die Betriebe beauftragt wurden, ihr eigenes Erholungswesen zügiger zu entwickeln. Im Jahre 1973 standen 1,3 Millionen gewerkschaftlichen Ferienplätzen nur 600 000 betriebseigene (in Heimen, Bungalows, Zelten und Privatunterkünften) gegenüber. Dreizehn Jahre später kehrte sich die Relation beinahe um, denn 1986 boten die Gewerkschaften 1,8 Millionen Urlaubsplätze, die Betriebe inzwischen über 3,1 Millionen an.

Zur Zeit verfügen Betriebe und zentraler Feriendienst der Gewerkschaften zusammen über 5,1 Millionen Urlaubsplätze pro Jahr. Jeder Platz gilt durchschnittlich für 13 Tage. Durch verbessertes Management soll die Kapazität bis 1990 auf 5,2 Millionen wachsen. Doch das ist nur die quantitative Seite. Qualitativ sind die Unterschiede sehr groß. Sie reichen vom Ausnahmequartier in ausgewählten Luxushotels der DDR bis zum Wohnwagen oder Zelt ohne jeden Komfort. Außerdem wird beklagt, daß sich das Urlaubsplatzangebot gleichmäßig über das ganze Jahr (zumindest außerhalb der Heizperiode) verteilt, obwohl mehr als 65 Prozent aller Reisen in die Kernzeit Juni bis August fallen. Zudem wird den durch den Schulrhythmus verursachten Bedarfsspitzen zu wenig Rechnung getragen. Dadurch haben die Angebotszahlen häufig nur statistischen Wert, oder es kommen kinderlose Ehepaare bzw. nichtberufstätige Pensionäre in den Genuß der Ferienplätze, während Erwerbstätige mit Schulkindern leer ausgehen. Es mangelt an familiengerechten Unterkünften. Nur selten stehen Eltern separate Schlafräume zur Verfügung.

Gewiß, die Preise für diese staatlichen Ferienplätze sind niedrig. Sie decken bei den gewerkschaftlichen im Durchschnitt nur ein

Drittel der effektiven Kosten für Unterkunft und Verpflegung. Doch es ist nicht zu übersehen, daß viele Reisende gern mehr bezahlen würden, wenn dafür das allgemeine Niveau entsprechend stiege.

Privates Feriengewerbe gibt es in der DDR kaum, was wohl darauf zurückzuführen ist, daß Baukapazitäten wie Infrastruktur für attraktive Ferienhäuser bzw. -wohnungen fehlen. Außerdem besteht Mangel an Hotels, namentlich in Klein- und Mittelstädten. Im ganzen Land stehen rund 900 Hotels, Pensionen und Gasthöfe mit Fremdenzimmern bereit, deren 45 000 Betten sich neben den gut 22 000 Betten, über die allein Berlin (West) verfügt, sehr bescheiden ausnehmen. So bleibt vielen Urlaubswilligen nur der eigene Garten oder die Zuflucht zu den 529 Campingplätzen. Der Trend zum Zelten hält an. Während 1973 etwa 1,6 Millionen Camper gezählt wurden, waren es 1986 bereits 2,3 Millionen. Der Ansturm auf die mit der Vergabe von Zeltplatzgenehmigungen betrauten staatlichen Stellen setzt für die 54 Campingplätze im Ostseeraum schon ab Oktober des Vorjahres für den kommenden Sommer ein. Die Nachfrage übersteigt das Angebot erheblich. Deshalb finden Anträge von Betrieben und kinderreichen Familien bevorzugt Beachtung. Nur sehr wenige Campingplätze der DDR erfüllen durchschnittlichen westlichen Standard. Sie werden überwiegend für Valutatouristen reserviert. Im Jahre 1988 stehen dafür 31 sogenannte Inter-Camping-Plätze und 75 Hotels bereit, wodurch sich allerdings für die Bewohner in der DDR das interne Ferienplatzangebot weiter einschränkt.

Nicht minder angespannt ist die Lage beim Auslandstourismus. Einerseits deshalb, weil Erich Honecker im Jahre 1972 durch die politisch wie wirtschaftlich völlig übereilte Einführung des zoll- und visumfreien Reiseverkehrs mit Polen und der Tschechoslowakei Wünsche nach Auslandsbesuchen weckte, die sich nicht erfüllen ließen. Im Jahr des Inkrafttretens der Vereinbarung reisten mehr als 12,4 Millionen Bewohner der DDR in beide Nachbarländer ein. Umgekehrt das gleiche Bild. Es kam zu Versorgungsschwierigkeiten. Der freie Reiseverkehr wurde gegenüber Polen faktisch ganz und gegenüber der Tschechoslowakei mit Blick auf die Zollfreiheit in Raten zurückgenommen, so daß er jetzt den Stand wie Polen gegenüber erreicht hat. Die grenzüberschreitende Reisetätigkeit ließ nach. Schon 1979 beteiligten sich am nichtorganisierten Auslandstourismus in alle Ostblockländer nur noch 9,2 Millionen Reisende aus der DDR. Seitdem haben sich, auch als Folge der erneuten Grenzziehung gegenüber Polen und nun auch der Tschechoslowakei, die vergleichbaren Ergebnisse offenbar so verschlechtert, daß in den DDR-Statistiken darüber keine Angaben mehr auftauchen.

Der Bewegungsspielraum der DDR-Bewohner beim nichtorganisierten Auslandstourismus hat sich merklich verringert. Auch deshalb, weil private Auslandsaufenthalte in Ungarn, Bulgarien oder Rumänien mangels Devisen immer unerschwinglicher werden. Zwischen Januar und März 1988 traten durch einen Beschluß der DDR-Führung nun auch noch Beschränkungen für Reisen in die Tschechoslowakei in Kraft, weil die Staatsbank der DDR vorgeblich nicht genügend Zahlungsmittel bereitstellen konnte. Während bis 1987 jeder DDR-Deutsche bei Privatreisen in das Nachbarland 40 Mark pro Tag in Kronen umtauschen durfte, standen ihm nur noch elf Tagessätze pro Jahr zu. Inzwischen hat man diesen »Sparbeschluß« wieder rückgängig gemacht. Und dennoch: Welch krasser Gegensatz zu den Verhältnissen in der Bundesrepublik, deren Bürger unbegrenzt Zahlungsmittel anderer Währungen erwerben können und die beispielsweise 1987 48 Milliarden DM im Ausland für touristische Zwecke ausgaben.

Andererseits: Der vom staatlichen Reisebüro der DDR organisierte und mit der Binnenmark bezahlte Auslandstourismus stagniert ebenfalls. Seit 1974, als etwa 1,1 Millionen Auslandsreiseplätze verkauft wurden, gibt es faktisch keine Steigerung mehr. Auch für 1988 sind Auslandsfahrten in diesem Umfang avisiert. Bei gut der Hälfte davon handelt es sich um echte Urlaubsplätze (1986: 538 000), so daß nur jeder dreißigste Einwohner der DDR mit dem staatlichen Reiseunternehmen in den Auslandsurlaub fuhr.

Das Preis-Leistungs-Verhältnis im organisierten Auslandstourismus verschlechterte sich in den letzten Jahren. Folgende Preise für vierzehntägige Flugreisen waren pro Person zu zahlen:

— in die Hohe Tatra (Strbske Pleso) vom 16. bis 30. März 1986 (Hotel) 2 000,00 Mark;
— Bulgarienrundfahrt mit einwöchigem Schwarzmeer-Aufenthalt (Varna) vom 11. bis 25. Juni 1987 (Hotel) 2 125,00 Mark.
Trotzdem bleibt das Interesse an Auslandsfahrten rege. Zu werben oder gar teure farbige Kataloge zu drucken, erübrigt sich beim Angebotsmonopol des Staates. Reisewünsche können an den 126 Zweig- und Nebenstellen des Reisebüros auf sogenannten Vormerkkarten Anfang November für die folgende Sommersaison geäußert werden. Im Januar erhält Nachricht, wessen Wunsch unerfüllt bleibt. Im Februar treffen die Zusagen ein. Die DDR-Wirtschaft steckt auch hier in einem Dilemma. Zum einen steigen die Preisforderungen der Ostblockländer für Urlaubsplätze. Zum anderen halten jene ihre besten Angebote zurück, um sie bevorzugt Besuchern aus Hartwährungsländern zu verkaufen. Um der Angebotsverknappung wie den Preiserhöhungen etwas beggenen zu können, wird in der DDR erwogen, im organisierten Auslandstourismus verstärkt Kurzreisen einzuführen. Mit einem gegebenen Kontingent ließe sich so eine größere Zahl Reisewilliger berücksichtigen.

Die Konsequenz aus all den Urlaubsrestriktionen: Die inländischen Urlaubsplätze sind total überfüllt und überfordert. Man denke nur an die sanitären Verhältnisse auf DDR-Autobahnparkplätzen oder an öffentlichen Badestellen aller Binnenseen wie auch der Ostseeküste. Während 1970 dort nur 1,8 Millionen Urlauber angetroffen wurden, stieg deren Zahl bis 1986 auf 3,4 Millionen. Allein das Ostseebad Warnemünde, das 1956 nicht mehr als 6 000 Urlauber beherbergte, hat es heute mit 125 000 Urlaubern sowie mehr als drei Millionen Tagesbesuchern zu tun. Jeder dritte Ostseeurlauber fährt auf die von 85 000 Menschen bewohnte Insel Rügen, zuzüglich 3 Millionen Kurzurlaubern. Diese Entwicklung geht eindeutig zu Lasten des Erholungswertes. Sie gefährdet zudem Landschaft und Umwelt.

Auch auf dem Wege der Vergabe von Heilkuren ließen sich die Einschränkungen im Urlaubsbetrieb nicht ausgleichen. Bedarf nach Heilkuren besteht durchaus, wie ein Blick auf den durchschnittlichen Krankenstand und die durchschnittliche Lebenserwartung zeigt. Der Krankenstand, der den Anteil der wegen ärztlich bescheinigter Arbeitsunfähigkeit ausgefallener Arbeitstage an den Sollarbeitstagen ausweist, lag in der DDR im Jahre 1986 bei 5,88 (Männer) bzw. 6,58 (Frauen). Bezogen auf die Pflichtversicherten heißen die Vergleichsgrößen der Bundesrepublik Deutschland 4,80 bzw. 4,20.

Die DDR erlebte in bezug auf ärztliche Krankschreibungen 1986 ein Rekordjahr. Fast drei Viertel der Berufstätigen war mindestens einmal und gut 15 Prozent waren drei- und mehrmals krank gemeldet.

Die durchschnittliche Lebenserwartung, sie stieg in der DDR seit 1970 langsamer als in der Bundesrepublik Deutschland, stagniert seit 1983. Sicherlich auch, weil man dort außer Frühinvalidität keine Vorruhestandsregelung kennt, während sich bei uns im Jahre 1984 schon 52 Prozent (Männer) und 65 Prozent (Frauen) im Vorruhestand befanden.

Die durchschnittliche Lebenserwartung der Männer in der DDR übertraf mit 69,5 Jahren (1986) die Vergleichszahl von 1970 um gut 2 Prozent (Bundesrepublik 1985: 71,5 Jahre). Bei den Frauen, die in der DDR den gesetzlichen Rentenanspruch bereits mit 60 Jahren erfüllen, überstieg die Lebenserwartung mit 75,5 Jahren den Vergleichswert von 1970 um 3 Prozent (Bundesrepublik 1985: 78,1 Jahren).

Das Angebot an Heilkuren wuchs in den letzten dreißig Jahren kaum. Den 193 000 Kuren aus dem Jahre 1965 stehten die 221 000 von 1986 (Zuwachs 15 Prozent) gegenüber. Der Kurbetrieb ist unterentwickelt. Die überwiegende Mehrheit der Kureinrichtungen stützt sich auf eine überalterte Substanz. Private Heilkuren sind kaum möglich. Im Durchschnitt der Jahre mußten sich rund vierzig Erwerbstätige in eine Heilkur teilen wobei außen vor bleibt, ob ein Teil der Kuren auch Ausländern, Nichtberufstätigen und Kindern zugesprochen wurde. Doch selbst bei dieser günstigsten Annahme kann der Berufstätige in der DDR im Durchschnitt nur nach vierzig Berufsjahren mit einer Heilkur der staatlichen Krankenversicherung rechnen. Arbeitet er nicht in Schicht, wird ihm unter normalen Umständen bestenfalls einmal im Arbeitsleben der Kurscheck ausgehändigt werden.

An erkennbaren Fortschritten mangelt es auch im Bereich der betrieblichen Arbeits- und Lebensbedingungen. Anfang der siebziger Jahre war die Situation entspannter als heute. Viele Betriebe und Behörden zehren in sozialer Hinsicht von früheren Vorleistungen. Das ist um so komplizierter, als die Intensität der Inanspruchnahme solcher Leistungen stark zunahm. Während beispielsweise Ende der sechziger Jahre reichlich 2 Millionen Beschäftigte täglich ein warmes Kantinenessen zu sich nahmen, verpflegen die 8 000 Werkküchen heute fast 4,5 Millionen. Da gleichzeitig die Schichtarbeit stark wuchs, unterliegen Personal wie Kücheneinrichtungen größeren Belastungen. Mängel an den Baulichkeiten und veraltete Technik gepaart mit Arbeitsunlust, die in solchem Umfeld schnell aufkommt, haben seit 1980 in vielen Betriebskantinen zu Verstößen gegen die Hygienevorschriften geführt. Nicht selten sind Lebensmittelvergiftungen bzw. Erkrankungen der Magen- und Darmwege die Folge. Der Gesetzgeber verlangt deshalb seit 1982, Beschwerden, sofern sie sich bei mehr als drei Teilnehmern an der Gemeinschaftsverpflegung einstellen, unverzüglich dem Ministerium für Gesundheitswesen zu melden. Dennoch spitzte sich die Situation weiter zu. Allein im ersten Halbjahr 1987 wurden in der DDR über 8 000 Erkrankungen durch Samonellen registriert. Inzwischen wurde eine weitere Verschärfung der Kontrollrechte der staatlichen Hygieneinspektion und des Strafmaßes für »bewußte Fahrlässigkeit« beschlossen.
Nicht ohne Grund und Anlaß wiederholt die SED-Führung in jüngster Zeit ständig die Forderung, daß die beabsichtigte Intensivierung der Produktion zu einer höheren Qualität der Arbeits- und Lebensbedingungen in den Betrieben führen müsse. Zahlreiche Beschwerden der Belegschaften und Detailhinweise der Presse in der DDR deuten auf zum Teil unhaltbare betriebsinterne Zustände. Dafür nachfolgendes Beispiel: Anläßlich einer Inspektion in 400 Ostberliner Betrieben fanden die Kontrolleure so viele Mängel, daß sie 1 150 Vorschläge unterbreiten und 360 Auflagen erteilen mußten, um ernste, nicht mehr zu duldende Mängel zu beseitigen und gesetzlichen Vorschriften zu entsprechen. Beanstandet wurden vor allem:

— Verantwortungslosigkeit im Umgang mit Arbeitsschutzbekleidung und -mitteln;
— ungenügende gesundheitliche Betreuung in den Spät- und Nachtschichten;
— Mißstände in der Sanitärhygiene (zahlreiche Toiletten, Dusch- und Waschräume waren renovierungsbedürftig, im Kohlenbahnhof Kaulsdorf mußten 60 Mitarbeiter ohne Toilette und Waschgelegenheit auskommen, im Kombinat Holzhandel gab es keine separate Damentoilette, weil sie als Archiv diente).

4. Private Geldeinkommen

Periodisch wiederkehrende Tarifverhandlungen, wie sie in der Bundesrepublik Deutschland üblich sind, gibt es in der DDR nicht. Der Staat als monopolistischer Arbeitgeber und die politische Führung entscheiden über Einkommenserhöhungen jeder Art. So auch über verbesserte Lohnprämien für die Mitarbeiter in privaten Einzelhandelsgeschäften ab Mai 1988, um schrittweise bestehende Entlohnungsunterschiede im Vergleich zum staatlichen Handel abzubauen
Gezielte Maßnahmen zur Anhebung der Mindestlöhne, wie sie 1971 für 1,7 Millionen Beschäftigte (von 300 Mark auf 350 Mark) und 1976 für eine Million Arbeitnehmer (von 350 bis 400 Mark auf 400 bis 500 Mark brutto) eingeleitet wurden, hat es danach nicht wieder gegeben. Sicherlich nicht, weil es an Bedürftigen mangelte. Dazu folgende Rechnung:
Gegenwärtig sind 80 Prozent aller beitrittsberechtigten abhängig Beschäftigten in der DDR Mitglied der freiwilligen Zusatzrentenversicherung. Da zum Beitritt nur berechtigt ist, wer mehr als 600 Mark brutto monatlich verdient, und etwa 4,2 Millionen Arbeiter und Angestellte von insgesamt 7,4 Millionen eine Zusatzrente abgeschlossen haben, müssen rund 2,1 Millionen der offiziell ausgewiesenen abhängig Beschäftigten (28 Prozent) mit weniger als 600 Mark brutto pro Monat auskommen.
Die politisch Verantwortlichen verabschiedeten sich dennoch von pauschalen Lohnerhöhungen, die für alle Erwerbstätigen gleichermaßen bindend waren, und gingen zur sogenannten lei-

stungsabhängigen Lohnpolitik über. Diese neue Lohnpolitik bietet wesentlich größeren Spielraum zur Differenzierung. Sie ist in ihrer Breitenwirkung vom einzelnen kaum mehr nachvollziehbar. Nach amtlichen Verlautbarungen wurden zwischen 1976 und 1986 für 4,6 Millionen Erwerbstätige stärker leistungsabhängige Löhne (Produktivlöhne) und Gehälter eingeführt, so daß 3,5 Millionen Arbeiter neue Grundlöhne und rund 1,1 Millionen Meister, Fach- und Hochschulkräfte sowie technisch-ökonomisches Personal leistungsbezogene Gehälter beziehen. Außerdem traten für weitere 3,6 Millionen Erwerbstätige (beispielsweise Lehrer, Erzieher, Krankenschwestern, Forschungsfacharbeiter und -ingenieure sowie Beschäftigte im Wohnungswesen) planmäßige Lohnerhöhungen in Kraft. Doch da das Gros dieser Lohnerhöhungen bereits in den Zeitraum vor 1980 fiel, wurde beschlossen, bis 1990 erneut für 4,5 Millionen Beschäftigte in der Volkswirtschaft die Produktivlöhne aufzubessern. Für 1,2 Millionen von ihnen wurde das bereits 1987 zur Realität. In welchem Umfang, ist nicht bekannt.

Erwähnung verdienen das seit 1981 vollzogene Aufstocken der Stipendien und Auszubildendenentgelte sowie die Ausbildungsbeihilfen für Oberschüler in den letzten zwei Schuljahren. Daraus resultierte ein nominaler Kaufkraftzuwachs von 380 Millionen Mark jährlich. Hinzu kamen noch jährlich 750 Millionen Mark für sonstige soziale Maßnahmen.

Seit Mai 1987 erhöhte sich der staatliche Kindergeldzuschuß für das erste Kind von 20 auf 50 Mark, für das zweite Kind von 20 auf 100 Mark sowie für das dritte und jedes weitere Kind von 100 auf 150 Mark monatlich. Das ermöglicht einen nominalen Kaufkraftzuwachs von jährlich rund zwei Milliarden Mark (für 1987 anteilig 1,3 Milliarden). Geradezu ins Auge springt demgegenüber die Verlangsamung des nominalen Kaufkraftzuwachses bei den Renten, auch wenn sich die Zahl der Altersrentner von 3,3 Millionen (1970) auf 2,7 Millionen 1986 reduzierte. Während im Zeitraum 1971 bis 1980 durch Rentenerhöhungen ein kumulativer Kaufkraftzuwachs von nominal 15 Milliarden Mark festzustellen war, wuchs er vergleichbar zwischen 1981 und 1987 nominal lediglich um 3,3 Milliarden Mark. Selbst unter Einbeziehung der für 1989 angekündigten Rentenanhebung wäre zwi-

schen 1981 und 1990 nur mit einem kumulativen Kaufkraftzuwachs von nominal 12,9 Milliarden Mark zu rechnen.
Die monatliche durchschnittliche Altersrente betrug 1987 etwa 380 Mark, gegenüber 200 Mark im Jahre 1970. Gut 25 Prozent aller pflichtversicherten Altersrentner kommen bisher in den Genuß der 1971 eingeführten Zusatzrente. Sie erhalten gegenwärtig eine durchschnittliche Altersrente von 480 Mark monatlich.
Es ist offensichtlich, daß die politische Führung in der DDR seit zehn Jahren darum bemüht ist, den relativen Zuwachs der nominalen Geldeinkommen der Bevölkerung zu verlangsamen. Entgegen der ständig wiederholten Behauptung, im realen Sozialismus steigerten hohe Leistungen der Berufstätigen über Lohn und Prämie das Einkommen, ging der Zuwachs der privaten Geldeinkommen im Vergleich zum Zuwachs des Sozialprodukts (produziertes Nationaleinkommen) von Jahrfünft zu Jahrfünft zurück. Während im Zeitraum 1971 bis 1975 der Zuwachs der Geldeinkommen mit 24,9 Prozent fast jenem des Sozialproduktes entsprach (27,1), standen dem Zuwachs des Sozialproduktes zwischen 1981 bis 1985 (22,3 Prozent) nur Geldeinkommensverbesserungen von 16,1 Prozent gegenüber. Noch ausgeprägter zeigten sich die Rückstände beim durchschnittlichen monatlichen Arbeitseinkommen der Vollzeitbeschäftigten in der »sozialistischen Industrie«, das zu 90 Prozent Bruttowerte enthält. Die vergleichbaren Zuwächse lauten 15,3 (1971 bis 1975) bzw. 9,9 Prozent für 1981 bis 1985.
Obwohl die industrielle Bruttoproduktion bzw. die industrielle Arbeitsproduktivität zwischen 1970 und 1986 auf 219 bzw. 200 Prozent wuchsen, erhöhte sich der o.a. Monatslohn der vollzeitbeschäftigten Industriearbeiter vergleichbar von 748 Mark auf 1 155 Mark, d.h. nur auf 154 Prozent, wobei dieser Zuwachs schon die Lohnzuschläge aus dem Anstieg der Schichtarbeit enthält.
Da gleichzeitig die privaten Geldeinnahmen auf 186 Prozent anwuchsen, bestätigt sich der Verdacht vom sinkenden Einfluß des Lohnzuwachses auf die Entwicklung der privaten Geldeinkommen. Durch Manipulationen, wie beispielsweise das Aussetzen von Lohn- und Gehaltserhöhungen, das Neufassen der

Vorschriften zur Bildung des betrieblichen Prämienfonds bzw. das Einfrieren der Jahresendprämie auf dem Niveau von 1982, den Wegfall der Treueprämien für das ingenieurtechnische Personal im Zuge der Einführung der Produktivgehälter, wurde das erreicht.
Demgegenüber verstärkte sich der Einfluß der Zinsen aus Sparguthaben bei den Geldinstituten auf den Zuwachs der privaten Geldeinkommen. Während am Zuwachs der Geldeinkommen (31,5 Milliarden Mark) im Zeitraum 1971 bis 1977 der Zinszuwachs nur mit 13,9 Milliarden Mark oder 44 Prozent beteiligt war, stieg sein Anteil im Zeitraum 1981 bis 1987 mit 25,7 Milliarden Mark auf 77 Prozent. Die Fachleute in der DDR beargwöhnen diese Entwicklung. Sie erkennen in ihr die Gefahr, daß das sogenannte Leistungsprinzip unterwandert wird, weil die Zinsmasse zusätzliches, steuerfreies Einkommen ohne Gegenleistung ermöglicht. Außerdem schränkt sie den Gestaltungsspielraum der politischen Führung ein. Die Zinsen aus Spargeld nehmen die Qualität eines Datums an, dessen Bedeutung für die allgemeine Einkommensentwicklung wächst. Bei einem Jahreszinsfuß von 3,25 Prozent läßt sich errechnen, daß die jährliche Zinsmasse der privaten Haushalte 1987 gegenüber 1970 auf 307 Prozent wuchs, von rund 1,4 Milliarden Mark auf 4,3 Milliarden Mark.

5. Gesamtbewertung

Die Analyse der Arbeits- und Lebensbedingungen ließe sich durchaus vertiefen. Beispielsweise könnte man noch folgende Sozialleistungen nennen: die unentgeltliche Beförderung der Kinder unter sechs Jahren bzw. die Fahrpreisermäßigung um 50 Prozent vom Grundtarif für Kinder ab sechs Jahre, Jugendliche, Oberschüler, Lehrlinge und Studenten für alle Eisenbahnfahrten innerhalb der DDR seit Juli 1985, das Verlängern der bezahlten Freistellung von 12 auf 18 Monate für vollbeschäftigte Mütter eines dritten und jedes weiteren Kindes bzw. das bezahlte Freistellen vollzeitbeschäftigter Mütter mit zwei Kindern zur Pflege erkrankter Kinder seit Mai 1986, das Aufstocken des zinslosen

Kredits zur Familiengründung von 5 000 auf 7 000 Mark sowie das Anheben der Altersgrenze für diesen Kredit von 26 auf 30 Jahre ebenfalls seit Mai 1986.

Sie alle können jedoch nicht den Eindruck verwischen, daß sich die Arbeits- und sonstigen sozialen Bedingungen in letzter Zeit nur geringfügig verbesserten. Das Schwergewicht verlagerte sich mehr auf das Stabilisieren des Erreichten. Im Vergleich zu 1971 bis 1975, aber teilweise auch noch zu 1976 bis 1980 blieben die sozialen Fortschritte seither ziemlich bescheiden. Der Durchschnittsbeschäftigte wird den Zeitabschnitt 1981 bis 1987 eher als relativen Rückschritt verbuchen, denn der von ihm erwarteten und erbrachten gesteigerten Arbeitsleistung stand kein vergleichbares Äquivalent im Sozialbereich gegenüber.

V. Umwelt und Umweltpolitik

1. Die offizielle Umweltschutzpolitik seit 1970

Die nach dem Zweiten Weltkrieg auf dem mitteldeutschen Territorium unter SED-Verantwortung entstandenen volkswirtschaftlichen Strukturen (Schwerindustrie usw.) widersprechen allen ökologischen Erfordernissen. Die außerordentliche Industrialisierung des Landes, die sich auch darin widerspiegelt, daß 1986 fast 38 Prozent aller amtlich ausgewiesenen Beschäftigten in der Industrie arbeiteten (1950 ca. 29 Prozent, mit starkem Anteil Leichtindustrie), die auf die Sowjetunion ausgerichtete industrielle Gigantomanie im Verein mit dem nahezu totalen Abbau aller verwertbaren Bodenschätze (Uranerz, Silber, Steinkohle, Kupfer, Salze, Flußspat, Kali, Quarze und Braunkohle) ließen sich nur mit einem hohen, zunehmenden Nutzungsgrad der Naturressourcen bewerkstelligen. Dafür zwei Beispiele:
● In den Industriebezirken Halle, Leipzig, Dresden und Karl-Marx-Stadt sowie in Ostberlin leben auf einer Fläche, die 32 Prozent des DDR-Territoriums umfaßt, 54 Prozent der Gesamtbevölkerung, die 67 Prozent der gesamten Industrieproduktion erzeugen.
● Im Jahre 1986 steuerten Industrie und produzierendes Handwerk mehr als 67 Prozent zum Sozialprodukt (produziertes Nationaleinkommen) bei, während es 1950 nur 48 Prozent waren.
Amtlich schenkte die DDR-Führung dem Umweltschutz bereits zu Zeiten Aufmerksamkeit, da die Grenzen quantitativen Wachstums infolge unvertretbarer Umweltbelastungen noch nicht geistiges Allgemeingut darstellten. Schon 1970 verabschiedete das Parlament ein Landeskulturgesetz, das sich ausdrücklich für den Schutz der heimatlichen Kultur, des Bodens, der Wälder, der

Gewässer und/oder schadlose Beseitigung der Materialabfälle wie auch den Schutz vor Lärm aussprach.

Ein Jahr später bekräftigte Erich Honecker auf dem VIII. SED-Parteitag, daß es für sein Verständnis kein Widerspruch sei, Wirtschaftswachstum zu fordern und zugleich den sorgsamen Umgang mit der Umwelt einzuklagen.

Erstmals 1973 verlangten die Vorschriften zur Volkswirtschaftsplanung den gesonderten Ausweis der Umweltschutzmaßnahmen.

Mit Blick auf das Landeskulturgesetz entstanden Ende 1975 das Ministerium für Umweltschutz und Wasserwirtschaft sowie das Institut für Sekundärrohstoffe, das sich vorwiegend der Verwertung von Industrieabfällen widmen sollte.

Die Erwartungen, die sich an den sozialistischen Umweltschutz knüpften, waren hoch. Sehr bald zeigte sich jedoch, daß man die Geister, die man gerufen hatte, nicht mehr los wurde. Dennoch ließ sich das Fortschreiten der Umweltbelastungen auf dem mitteldeutschen Territorium nicht aufhalten, weil einerseits deren Ursachen nicht ernsthaft beseitigt und andererseits nur in geringem Umfang Mittel für wirksame Gegenmaßnahmen bewilligt wurden. Folgerichtig heißt es im Zivilgesetzbuch der DDR von 1975 im § 329, der die Ansprüche aus Immissionen regelt, daß störende Einwirkungen von Betrieben oder Anlagen keinen Anspruch auf Unterlassung und Schadensersatz begründen, wenn sie das unvermeidliche oder in Rechtsvorschriften festgelegte Maß nicht übersteigen oder wenn entsprechende technische Vorkehrungen gegenwärtig nicht möglich oder volkswirtschaftlich nicht vertretbar sind. Eine sehr auslegungsfähige Bestimmung, die viele Schlupflöcher für Umweltsünden ließ.

Inzwischen verschärfte sich die Situation weiter. Die politische Führung reagierte darauf in typischer Manier. Sie verabschiedete 1982 die interne Anordnung zur Sicherung des Geheimnisschutzes auf dem Gebiet des Umweltschutzes. Klassisches Beispiel für praktiziertes Informationsmonopol der Herrschenden auf einem Gebiet, das alle Bürger gleichermaßen berührt und der bewußten, kenntnisreichen Mitwirkung aller bedarf.

Die Wirtschaft der DDR befindet sich in äußerst schwieriger

Lage. Mehrere wirtschaftspolitische Kehrtwendungen haben sie dahin gebracht. In den sechziger Jahren, als sich die Erdölimporte aus der Sowjetunion von 1,8 Millionen Tonnen (1960) auf 8,7 Millionen Tonnen im Jahre 1969 steigerten und sich dadurch viele Milliarden Investitionsmittel für den Ausbau der Braunkohlenförderung einsparen ließen, gab es prognostische Erwägungen, bis 1990 die Erdölimporte auf 35 bis 50 Millionen Tonnen pro Jahr hochzufahren. Da gut die Hälfte des Öls als Heizöl Verwendung fand, hätte das weitere Verdrängen der Braunkohle aus den Heizprozessen zugleich aktiven Umweltschutz bedeutet. Außerdem verfestigte sich nach der Inbetriebnahme des ersten Kernkraftwerkes der DDR in Rheinsberg (1966) Anfang der siebziger Jahre die Expertenmeinung, bis zum Jahr 2000 etwa 30 bis 40 Prozent des Energiebedarfs auf der Grundlage von umweltfreundlicher Kernenergie zu decken.

Tatsächlich kam alles ganz anders. Zwar entwickelten sich die Erdölbezüge aus der Sowjetunion über 15,1 Millionen Tonnen (1975) auf 19 Millionen in den Jahren 1980 und 1981, doch seit 1982 stagnieren sie bei 17,1 Millionen Jahrestonnen. Auch der Ausbau der Kernenergie blieb weit hinter früheren Absichten zurück, sicherlich auch, weil das Wohnungsbauprogramm veränderte Schwerpunkte markierte. Im Jahre 1986 erzielte der Atomstrom einen Anteil an der Energieerzeugung von 9,5 Prozent. Bis 1990 soll sein Anteil auf 15 Prozent und bis zum Jahr 2020 auf 50 Prozent gestiegen sein.

Ende der siebziger Jahre kam es zum völligen Schwenk in der Energiepolitik der DDR-Führung. Die verstärkte Rohbraunkohlenförderung und -verwendung rückten in den Mittelpunkt des Interesses. Insbesondere dieser Rückgriff auf Rohbraunkohle und die Resubstitution des Erdöls durch sie verschärften seitdem extrem die Umweltprobleme des Wassers, des Bodens und der Luft.

Die politische Führung der DDR gerät mehr und mehr in Zugzwang, sowohl gegenüber der eigenen Bevölkerung als auch den westlichen Nachbarländern gegenüber. Sie reagiert darauf mit Beschwichtigungen, indem sie einerseits den Eindruck zu erwecken sucht, als betreibe sie aktive Umweltschutzpolitik. In dieses Bild paßt die 1985 vollzogene Einrichtung einer Staatlichen Umweltinspektion, als zentraler Umweltschutzbehörde beim Umweltministerium ebenso wie die 1986 erfolgte Berufung eines Rates für die Grundlagen der Umweltgestaltung und des Umweltschutzes beim Präsidium der Akademie der Wissenschaften der DDR, der die umweltrelevante Forschung von mehr als 1000 Wissenschaftlern koordinieren und die Führung umweltpolitisch beraten soll. In dieses Bild paßt auch der 1987 gegründete zentrale Fachausschuß Stadtökologie der Gesellschft für Natur und Umwelt des Kulturbundes der DDR sowie die Berufung ehrenamtlicher Umweltinspekteure, damit sie die Arbeit der Staatlichen Umweltinspektion in den Verwaltungsbezirken unterstützen, indem sie Umweltschäden aufspüren bzw. »Jagd« auf Umweltsünder machen.

Andererseits wird staatsoffiziell immer wieder die Übereinstimmung zwischen dem Umweltinteresse der DDR-Bevölkerung und den wirtschaftspolitischen Zielen der SED betont und dabei gleichzeitig das Ausmaß bereits eingetretener Umweltschäden bagatellisiert. Gemäß dieser Strategie antwortete Honecker auf entsprechende Fragen schwedischer Journalisten, die DDR-Wälder seien gesund, abgesehen vom Waldsterben am Fichtelberg und im ganzen Raum zur Tschechoslowakei hin, und man habe mit saurem Regen keine Erfahrung. So gesprochen Anfang des Jahres 1986. Doch bereits zehn Jahre vorher wurde veröffentlicht, daß infolge zunehmender Schwefeldioxidbelastung erhebliche Teile der Forstflächen der DDR rauchgeschädigt seien und dort die Rohholzerträge zurückgingen. Außerdem wurden 1980 erstmals in der DDR neuartige Waldschäden festgestellt, und seit 1985 an den Fichtenbeständen des Thüringer Waldes, des Vogtlandes und des Harzes beobachtet. Gesunder Wald also? Mit saurem Regen keine Erfahrung?

Es läßt sich gar nicht übersehen: Die SED-Führung gerät in wachsende Schwierigkeiten, den postulierten Überlegenheitsanspruch des realen Sozialismus beim Umgang mit der Natur in die Tat umzusetzen. Obwohl für die professionellen Ideologen nach wie vor die Ablösung des Kapitalismus durch den realen Sozialismus nicht nur eine gesellschaftliche Notwendigkeit ist, sondern im Hinblick auf den Umweltschutz sogar zur Naturnotwendigkeit wird, gibt es in der Realität nichts, was diese Auffassungen stützte. Im Gegenteil: Die Gefahren unumkehrbarer Umweltschäden zeigten sich in der DDR struktur- und raumordnungsbedingt relativ früh. Die entsprechenden verwaltungsrechtlichen Schlußfolgerungen wurden schnell gezogen. Im Hinblick auf aktive Umweltschutzpolitik, Strukturwandel oder die Entwicklung wirksamer Umwelttechnologien lassen sich keine vergleichbaren Aktivitäten nachweisen, obwohl die Absichtserklärungen bis in das Jahr 1974 zurückreichen.

Die Beschlüsse zugunsten einer Rohbraunkohlenwirtschaft, deren langfristige Zielstellungen im Jahre 1990 die Förderung und den Verbrauch von mindestens 330 bis 335 Millionen Tonnen Braunkohle vorsehen, spitzen die schwierige Lage seit 1980 noch zu, machen deutlich, welcher Stellenwert Umwelterfordernissen in der Wirtschaftspolitik tatsächlich eingeräumt wird.

Denn noch immer fallen sogenannte begründete Entscheidungen auf Kosten der Umwelt. Außerdem vermissen die Betriebe bisher praktikable Hilfsmittel, die ihnen einerseits das Beachten ökologischer Erfordernisse nahelegen bzw. sie andererseits für aktiven Umweltschutz betriebswirtschaftlich nicht bestrafen. Deshalb mehren sich in der DDR-Fachliteratur Stimmen, die darauf hinweisen, daß Entscheidungen gegen die Umwelt wirklich Einzelfälle bleiben müssen und nicht zum allgemeinen Maßstab vordergründiger Ökonomie werden dürfen, bzw. daß Bedingungen zu schaffen sind, die betriebliche Effizienz auf Kosten der Umwelt ausschließen.

Zugleich wächst der Kreis jener, die auf die steigenden direkten und indirekten Kosten für die Braunkohlenförderung sowie auf den zunehmenden Aufwand für Umweltschutzmaßnahmen aufmerksam machen und dafür eintreten, entschieden mehr Schwergewicht auf das Energieeinsparen zu legen.

Heute ist die DDR auf dem Gebiet des Umweltschutzes im Vergleich zur Bundesrepublik Deutschland ein Entwicklungsland. Während hier zwischen 1971 und 1981 allein von der öffentlichen Hand insgesamt 119 Milliarden DM für den Umweltschutz ausgegeben wurden, die bundesdeutsche Industrie zwischen 1970 und 1986 dafür nochmals 140 Milliarden DM investierte und für die Luftreinhaltung mit weiteren 45 Milliarden DM rechnet, glauben einige unserer Experten und Politiker, der DDR-Volkswirtschaft kleinere Opfer nicht zumuten zu können. Gemeint sind jene Mittel, die notwendig wären, um die Schwefeldioxid-Emission um 30 Prozent unter den Wert von 1980 zu senken, wie das seitens der DDR gegenüber der ECE zugesagt worden war. Sicherlich bedarf es eines größeren Aufwandes (vielleicht 20 Milliarden DM) als 1979 angenommen, weil die Schwefeldioxid-Belastungen nach 1980 weiter stiegen und allein als Folge der Rohbraunkohlenverbrennung heute mehr als 5,5 Millionen Tonnen betragen dürften (1980 ca. 4,2 Millionen Tonnen). Doch welche Veranlassung besteht, die SED-Führung aus der Haftung für ihre Wirtschaftspolitik zu entlassen, zumal die DDR gleichzeitig seit Anfang der achtziger Jahre im großen Stil umweltschonende Mineralölprodukte in Hartwährungsländer liefert, statt sie der eigenen Volkswirtschaft zuzuführen.

Schon einmal (1957) verursachten ihre politisch motivierten Bemühungen um eine von den gesamtdeutschen Gegebenheiten unabhängige Energiepolitik vermeidbare Kosten. Allein das mit der Ausweitung der Rohbraunkohlenwirtschaft verbundene Vorhaben Braunkohlenkombinat Schwarze Pumpe war unter normalen wirtschaftlichen Verhältnissen eine ungeheure Fehlinvestition, denn, wie es in einem Expertengutachten aus damaliger Zeit heißt, der Kapitalaufwand für beide Kokereien war der vierfache, der Einsatz an Arbeitskräften der doppelte, als wenn guter Hochofenkoks auf Steinkohlenbasis in einer westdeutschen Neuanlage erzeugt worden wäre.

Nun droht eben diese Energiepolitik zum Öko-Desaster auszuufern. Die Räume Cottbus, Halle und Leipzig zählen inzwischen zu den am stärksten umweltgeschädigten Gegenden Europas. Der Unmut unter der Bevölkerung wächst, ebenso die Betroffenheit. Man möchte über die reale Umweltbelastung und deren Folgen informiert und in Diskussionen über Lösungsansätze einbezogen werden. Die Verweise auf das kapitalistische Erbe reichen als Erklärungsmuster für den aktuellen Stand der Umweltsituation einfach nicht mehr aus, weil sie falsch und unredlich sind. Sie widersprechen allen offiziellen Darstellungen über die Modernität des Produktionsapparates einer realsozialistischen Volkswirtschaft wie beispielsweise dem Hinweis auf dem X. SED-Parteitag (1981), daß 1980 jede zweite Kilowattstunde Elektri-

zität mit Anlagen erzeugt wurde, die erst während der siebziger Jahre installiert worden waren.
Auch Ablenkungsmanöver, wie die Kritik an der Umweltpolitik der Bundesregierung, die inkonsequent, weil an den Belangen des Monopolkapitals orientiert sei, helfen da nicht weiter, wie die Erfahrung lehrt.

2. Die Umweltsituation

2.1 Die Luft

Über die möglichen, die Luftqualität durch Emission von Schwefeldioxid, Stickoxiden, Schwermetallen, Asche und Staub negativ beeinflussenden Faktoren (gewerbliche Wirtschaft, private Haushalte, Motorisierung usw.) liegen auch in der DDR — auf der Grundlage des Gesetzes zur Reinhaltung der Luft von 1973 — seit 1974 detaillierte Untersuchungen und Erkenntnisse vor. Schon damals war klar, daß im Interesse der Luftreinhaltung der Austritt von Schadstoffen in die Atmosphäre bei neu zu errichtenden Betrieben von vornherein weitgehend zu verhindern bzw. bei vorhandenen Produktionsanlagen zu reduzieren sei. Dabei käme, so hieß es, den Flugstäuben besondere Bedeutung zu, weil sie eine ganze Reihe von toxischen Stoffen in Form von Salzen oder Oxiden enthielten, die in Verbindung mit Feuchtigkeit beachtliche Umweltschäden hervorrufen könnten. Deshalb würden in der DDR Großversuche zur Entschwefelung von Rauchgasen in verschiedenen Kraftwerken durchgeführt. Zwar wäre noch kein allgemein anwendbares und wirtschaftlich arbeitendes Verfahren gefunden, der hohe Schornstein stelle jedoch keinesfalls die Lösung des Schwefeldioxid-Problems dar, auch wenn er den Nahbereich relativ entlaste.
In welchem Ausmaß diese theoretischen Einsichten in den Folgejahren der Praxis zugute kamen, soll hier nicht näher erörtert werden. Entscheidend ist, daß sich seit 1980 insbesondere zwei Faktoren beinahe sprunghaft verstärkten und zu einer zusätzlichen Luftbelastung bisher nicht gekannter Dimension führten: die Ausweitung der Schichtarbeit und der wachsende Einsatz von Rohbraunkohle als Energieträger.

Die Kampagne der politischen Führung um die Schichtarbeit, vor allem die Dreischichtarbeit zielte und zielt darauf ab, die Betriebszeit wichtiger, hochproduktiver Maschinen und Anlagen zu verlängern. Das gelang in der zentralgeleiteten Industrie kalendertäglich wie folgt:

1965 : 11,2 Stunden
1970 : 12,5 Stunden
1975 : 14,5 Stunden
1980 : 14,9 Stunden
1985 : 16,7 Stunden
1987 : 17,4 Stunden

Was diese Zahlen besagen, mag folgender Vergleich verdeutlichen:
Die Braunkohlenwirtschaft in der DDR, im Unterschied zur Bundesrepublik Deutschland auch nach Kriegsende so organisiert, daß es keine Sonn- und Feiertagsruhe gibt, also rund um die Uhr produziert und auf diese Weise eine zehn- bis fünfzehnprozentige Leistungssteigerung erzielt wird, erreicht eine vergleichbare Betriebszeit für ihre Anlagen von etwas mehr als 21 Stunden pro Kalendertag. Das dürfte dem produktionstechnischen Grenzwert bereits sehr nahe kommen.

Die Härte der Maßstäbe, die die SED-Führung in dieser Frage anlegt, wird daraus erkennbar, daß sie im Rahmen der gesamten, ministeriell angeleiteten Industrie für 1985 eine durchschnittliche Auslastung von 17,5 Stunden gefordert hatte. Dieses Ziel blieb zwar mit 16,7 Stunden unerreicht, steht nun als Mindestforderung für die Industriebetriebe bis zum Jahre 1990, dürfte aber bereits 1988 erreicht sein.

Das Ausweiten der Schichtarbeit, unterstellt, es wird vollzogen unter sonst gleichbleibenden fertigungstechnischen Bedingungen, also die reine Verlängerung der arbeitstäglichen Produktionszeit je Anlage, hat zugleich die entsprechende Zunahme der Luftverschmutzung, wo immer sie auftritt, zur Folge. Die Luftbelastung als gegeben vorausgesetzt, für die beispielsweise die von den Industrieministerien angeleiteten Unternehmen im Jahre 1980 bei einer durchschnittlichen Betriebsdauer wichtiger Produktionsausrüstungen von 14,9 Stunden je Kalendertag verantwortlich waren, verstärkte sich folglich bis 1987 (17,4 Stunden) um mehr als 17 Prozent, in der verarbeitenden Industrie, wo die Leistungszeit von 13,9 Stunden (1980) auf 16,7 Stunden (1987) stieg, sogar um 20 Prozent. Sicherlich ist es ungenau, von einer linearen Beziehung zwischen dem Zuwachs an Leistungszeit einer Anlage und der entsprechenden Luftverunreinigung auszugehen. Doch die Kürze der Beobachtungsjahre, in denen die Betriebszeit verlängert wurde, zumal im volkswirtschaftlichen Durchschnitt, spricht gegen das allgemeine Durchsetzen umweltfreundlicher Technologien, spricht gegen umfassende produktionstechnische Veränderungen. Außerdem wächst nicht selten mit der verlängerten Einsatzzeit der technische Verschleiß überproportional und damit die Gefahr verstärkter Umweltbelastung.

Einschneidender als die Schichtarbeit hat sich die stark gestiegene Verwendung von Rohbraunkohle zur Strom- und Wärmeerzeugung auf die Luftqualität der DDR ausgewirkt. Allein die Rohbraunkohlenförderung lag 1987 um 21 Prozent höher als 1980. Noch schneller aber stieg der mengenmäßige Rohbraunkohlenverbrauch in der Volkswirtschaft, etwa um 34 Prozent, weil die Kapazitäten, um Braunkohle zu veredeln (Verkoken oder Brikettieren), kaum wuchsen. Während 1980 etwa 60 Prozent der geförderten Rohbraunkohle unverarbeitet weiterverwendet wurden (ca. 154 Millionen Tonnen), dürften es 1987 bereits 67 Prozent (ca. 207 Millionen Tonnen) gewesen sein. Zum Vergleich: Im Jahre 1974 kamen nur knapp 56 Prozent (ca. 136 Millionen Tonnen) der geförderten Rohbraunkohle zum Direkteinsatz.

Unter dem Aspekt der Luftverschmutzung kommt noch ein anderer Gesichtspunkt hinzu: Die DDR-Wirtschaft wurde seit 1978 auf dem Wege drastischer Beschränkungen (über die Bilanzen) gezwungen, den Verbrauch von Erdölprodukten zu senken und dafür Rohbraunkohle bzw. aus Rohbraunkohle hergestellte Energieträger (Stadtgas, Koks, Briketts, Kohlenstaub) einzusetzen. Allein zwischen 1982 und 1984 fanden Umschulungen für 63 000 Heizer statt, die von Öl- auf Braunkohlenfeuerung umsteigen mußten. Ob diese Maßnahmen am Ende wirklich sinnvoll waren, darüber läßt sich nur spekulieren. In Kenntnis der Tatsache, daß der Energiewert von einer Tonne Erdöl nur durch

8 bis 17 Tonnen Rohbraunkohle aufzuwiegen ist und die Arbeitsproduktivität in der Petrochemie zwölf- bis sechszehnmal höher liegt als in der Kohlechemie, kann man die vollzogene Resubstitution sicherlich nicht als volkswirtschaftlichen Erfolg bewerten. Hinzu kommen die negativen Konsequenzen des vermehrten Rohbraunkohleneinsatzes für die Luftqualität.

In Analogie zum Schichtregime läßt sich demnach feststellen: Unterstellt, der mengenmäßige Zuwachs im Rohbraunkohlenverbrauch um 34 Prozent im Jahre 1987 gegenüber 1980 kam ausschließlich der Strom- und Wärmeerzeugung zugute, dann hat sich die Luftverschmutzung dafür, unter sonst gleichbleibenden Bedingungen, mindestens um diese Größenordnung verstärkt. Diese Überschlagsrechnung läßt unberücksichtigt, ob es seit 1980 verschiedentlich an den 15 000 energieintensiven Industrieöfen einschließlich 761 Heizwerken und 178 Heizkraftwerken sowie an den sonstigen 100 000 Niederdruck-Kesseln Bemühungen gab, den Schadstoffausstoß der Verbrennungsanlagen zu reduzieren. Solches Vorgehen scheint gerechtfertigt, denn es bleibt auch außer Betracht, daß

— der Transport, die Lagerung und das Beseitigen der Verbrennungsrückstände von zusätzlichen Mengen Rohbraunkohle (Asche oder Schlacke),

— die verschlechterte Rohbraunkohlenqualität, teilweise ein Ergebnis des Einsatzes produktiverer Fördertechnik, und

— die Aktionen zur Resubstitution der umweltfreundlicheren Brennstoffe durch Rohbraunkohle (die sogenannte Energieträgerumrüstung)

die Situation am konkreten Standort sogar überproportional zugespitzt haben.

Nach eigenen Darstellungen soll es in der DDR zwar gelungen sein, in Heiz- und Kraftwerken den Staubauswurf um 30 Prozent zu reduzieren. Doch dafür stecken die Versuche um die Rauchgasentschwefelung noch ganz in den Anfängen. Im Jahre 1986 wurde mit der britischen Firma Davy Mc Kee Ltd., London, der erste Westvertrag über die Lieferung einer hochwirksamen Rauchgasentschwefelungsanlage für ein Ostberliner Heizkraftwerk vereinbart. Die erste DDR-eigene großtechnische Entschwefelungsanlage, deren Entschwefelungsgrad zwischen 40

bis 50 Prozent liegen soll, kommt im neuen Leipziger Heizwerk zum Einsatz.
Die Wirtschaftspolitik der SED-Führung hat folgenden Zielkonflikt verschärft: Um die Exportproduktion, auch die von Heizöl und Kraftstoffen, zu steigern und den Inlandsverbrauch von Erdöl kurzfristig zu senken, wies sie einerseits die produzierende Wirtschaft — zum Teil gegen Widerstand — an, den Arbeitstag zu verlängern und verstärkt Rohbraunkohle als Energieträger zu nutzen. Das führte in den Betrieben zu erheblichen Arbeits- und sonstigen Erschwernissen und wirkte sich kostensteigernd aus. Andererseits waren diese kurzfristigen Auflagen nur mit zusätzlicher Luftbelastung zu realisieren. Das wurde bewußt in Kauf genommen. Deshalb konnte die staatlich normierte Leistungsbewertung gegenüber den Unternehmen umwelterhaltenden Auflagen kaum Nachdruck verleihen. Inzwischen erwartet die politische Führung von der produzierenden Wirtschaft gezielte Maßnahmen gegen die höhere Luftverschmutzung, beispielsweise den Einbau und das Betreiben von Filteranlagen. Dadurch entstehen aber zusätzliche betriebliche Kosten, denen kein direkt zuordbarer Nutzen gegenübersteht. So hat unter den bisher gültigen Produktionsbedingungen in der DDR das Einhalten umweltspezifischer Vorschriften ein Sinken der betrieblichen Effizienz zur Folge. Für die Unternehmen ist es deshalb vielfach günstiger, Strafen wegen nachgewiesener Luftverschmutzung zu zahlen, als konsequent dagegen vorzugehen. Daran wird vorläufig auch das neue Gesetz zur Reinhaltung der Luft von 1987 wenig ändern.
Die großindustrielle, aus Kostengründen räumlich konzentrierte Energieerzeugung aus Rohbraunkohle macht insbesondere im Süden der DDR die Leistungsgrenzen der Zentralverwaltungswirtschaft und neue Naturschranken sichtbar. In der Bundesrepublik Deutschland hofft man, den Schadstoffausstoß der Kraft- und Heizwerke gegenüber 1984 bis 1995 auf weniger als ein Drittel (780 000 Tonnen), den der Industrieschornsteine auf zwei Drittel (820 000 Tonnen) und den der privaten Heizung auf knapp 70 Prozent (300 000 Tonnen) zu senken.
Die Verschlechterung der Luft durch gesteigerte Emission bringt

für die Menschen in der DDR nicht nur vermehrte Geruchsbelästigung mit sich, sondern sie mindert die Konzentrationsfähigkeit und gefährdet zusätzlich die Gesundheit der Bevölkerung. Die allgemeine Sterberate steigt, bösartige Geschwülste der Atemwege sowie Herz- und Kreislauferkrankungen nehmen zu. Auch in der Tschechoslowakai wurde festgestellt, daß in einem lufthygienisch extrem belasteten Raum die Lebenserwartung vom Mittelwert aller übrigen Gebiete auffällig abwich.

2.2 Der Wald

Die Waldflächen der DDR, sie umfassen mit 2,95 Millionen Hektar etwa 27 Prozent des Territoriums (Bundesrepublik Deutschland: mit 7,39 Millionen Hektar etwa 29,5 Prozent) zeigten im Jahre 1986 nach Expertenurteil, bundesdeutsche Maßstäbe angelegt, folgendes Schadbild:
— gut 10 Prozent ungeschädigt (Bundesrepublik Deutschland: knapp 48 Prozent);
— knapp 68 Prozent leicht bis mittelstark geschädigt (gut 51 Prozent);
— 22 Prozent stark geschädigt bzw. abgestorben (gut 1 Prozent).
Das für Land- und Forstwirtschaft in der DDR zuständige Politbüromitglied der SED, Werner Felfe, bezifferte Ende 1987 den Schadbefall des Waldes erstmals, wenn auch völlig undifferenziert, mit rund 37 Prozent.

Verantwortlich für diese Schadenslage sind neben der gewachsenen Luftbelastung vor allem das Überwiegen von Monokulturen (im Tiefland 68 Prozent Kiefern, im Hügel- und Bergland 72 Prozent Fichten), Wind- und Schneebruch, die Kieferharzung (jährlich rund 11 000 Tonnen Harz), Befall durch Insekten und Waldtiere sowie Waldbrände. Hauptverursacher ist die gestiegene Luftverschmutzung.

Als Besonderheit für die DDR droht dem Wald bestimmter Gegenden außerdem totale Vernichtung durch den Tagebaubetrieb zur Rohbraunkohlenförderung.

Im Vergleich zur Luftschadstoffsituation ähnlicher Regionen in der Bundesrepublik Deutschland gilt nach Expertenurteil für die Wälder der DDR folgende Immissionsbelastung:
— Schwefeldioxid: vier- bis fünffach,

— Stickoxide: gleich,
— Kohlenwasserstoffe: vier- bis fünffach,
— Fluor- und Chlorverbindungen: zweifach,
— Feinstäube: sechs- bis siebenfach.

Die Immissionen sind überwiegend selbstverschuldet und auf die Braunkohlenverbrennung sowie veraltete Produktionstechnik zurückzuführen.

Nachdem das Thema Waldschäden durch Immission viele Jahre in der DDR tabuisiert worden war, sprechen die Fachleute dort inzwischen von einem ernsten Problem, das die Gesellschaft heute erkannt habe. Die politische Führung in der DDR hatte bereits 1980 eine sogenannte Jahrhundertkonzeption zur Entwicklung des Waldes bestätigt und im Februar 1983 einen Beschluß zum Schutz der Wälder gefaßt. Darauf aufbauend, erarbeiteten Experten der Forstwirtschaft einen Generalplan für den Wald bis zum Jahr 2030 und für den Raum Dresden ein Waldentwicklungsprogramm bis zum Jahr 2080. Beabsichtigt ist, die Waldfläche im neuen Jahrtausend geringfügig zu erweitern. Im Augenblick jedoch und für die nähere Zukunft gilt die Aufmerksamkeit dem Bemühen, die vorhandene Waldfläche zu erhalten.

Ergänzend zu den Maßnahmen der gewerblichen Wirtschaft zeichnen sich folgende Schwerpunkte ab, um den besorgniserregenden Immissionsschäden zu begegnen:

— verstärktes Düngen der Waldböden mit Stickstoff, magnesiumhaltigem Kalk und Magnesiumflüssigdünger, teilweise aus der Luft, um die Vitalität des Waldes zu erhöhen;
— Optimieren des Baumbestandes durch vermehrten Anbau von Mischwald, der eine natürliche Waldgemeinschaft ermöglicht, anfällige Monokulturen überwindet und stabile Waldgebiete schafft;
— rasches Aufforsten geschwächter Waldbestände durch rauchhärtere Baumarten (im Erzgebirge: Rotbuche, Eberesche, Lerche; im Thüringer Wald: Platten- und Bürstenfichten; in den nördlichen Bezirken: leistungsstarke Koniferen aus Nordamerika und Ostasien), zum Teil auch mit Wildlingen, weil das Angebot der Baumschulen nicht ausreicht.

Es leuchtet ein, daß diese Maßnahmen vorwiegend auf Lang-

zeiteffekte abzielen. Gemessen an der akuten Zunahme der Luftverschmutzung in der DDR seit Ende der siebziger Jahre reichen sie kaum, um der derzeitigen Bedrohung der Waldbestände entgegenzuwirken.
Während beim Kampf gegen die Waldschäden zumindest latent Erfolgsaussichten bestehen, ist die Vernichtung möglicherweise völlig gesunder Waldbestände im Gefolge der Rohbraunkohlenförderung in diesem Jahrhundert nicht aufzuhalten. Die 36 Braunkohlentagebaue in der DDR, von denen seit 1981 neun mit einem Investitionsaufwand von neun Milliarden Mark durch Neuaufschluß entstanden, verbrauchen täglich große Flächen urbanisierten Landes und verwandeln es in graue Abraumhalden. Mehr als ein Prozent des Territoriums der DDR (rund 1 220 km^2) nimmt der Braunkohlentagebau ständig in Anspruch, wobei dieser Anteil in den Hauptfördergebieten von Leipzig, Halle und Cottbus wesentlich höher liegt. Große Tagebaue benötigen jährlich bis zu 40 Quadratkilometer Bodenfläche.
Natürlich beschränkt sich dieser Flächenbedarf zur Rohbraunkohlenförderung nicht nur auf freies Feld oder Brachland. Ihm fallen vielfältige Eirichtungen der Infrastruktur, Flußläufe, zahlreiche Siedlungen und Ortschaften zum Opfer. Seit 1929 verschwanden mit den Braunkohlentagebauen ca. fünfzig Ortschaften völlig oder teilweise. Kirchliche Kreise in der DDR rechnen damit, daß bis zum Jahre 2040 allein im Verwaltungsbezirk Cottbus weitere 120 Orte dem Kohleabbau weichen müssen und 45 000 Menschen ihren angestammten Wohn- und Lebensraum verlieren. Im Verwaltungsbezirk Leipzig vertreibt der Braunkohlentagebau jährlich 250 bis 300 Familien.
Auch die Wälder werden vom Braunkohlentagebau bedroht. Im Verwaltungsbezirk Leipzig beispielsweise, mit einem Anteil von 23 Prozent an der Kohlenförderung, von 34 Prozent an der Briketterstellung und von 90 Prozent an der karbochemischen Produktion der DDR, wurden in der Zeit von 1900 bis 1985 etwa 2 200 Hektar Wald weggebaggert, wodurch sich der amtlich ausgewiesene Waldbestand trotz Wiederaufforstung um etwa 440 Hektar verringerte.
In der ganzen DDR fällt die Waldvernichtung wegen der Braun-

kohlentagebaue erheblich höher aus, weil seit 1945 mehr als zwei Drittel aller Rohbraunkohle im Lausitzer Revier abgebaut werden, das wesentlich waldreicher ist. Während der Verwaltungsbezirk Cottbus im Jahre 1986 einen Anteil an der Waldfläche der DDR von 11,4 Prozent aufwies, konnte der Raum Leipzig nur mit 2,3 Prozent aufwarten. Gegenüber 1957 (355 161 Hektar) verringerte sich die Cottbuser Waldfläche um gut 15 000 Hektar bzw. 4 Prozent; obwohl halbamtlich verlautbart wurde, durch Aufforstung von Kippen seien in der DDR bisher mindestens 20 000 Hektar Wald entstanden.

Die Flächeninanspruchnahme im Lausitzer Revier übersteigt zudem bei weitem die im Leipziger Raum, weil die abbauwürdige Braunkohlenschicht vergleichsweise höchstens die halbe Mächtigkeit erreicht. Für eine bestimmte Fördermenge entsteht deshalb fast der zweifache Flächenbedarf.

Hinzu kommt, daß durch den Braunkohlenabbau in kürzester Frist Waldbestände dezimiert werden, für deren Aufbau und Erhalt Jahrzehnte bzw. Jahrhunderte benötigt wurden. Diese Waldkulturen hatten Bedeutung für das Klima, die Luft und den Wasserhaushalt, boten Tieren und Pflanzen Lebensraum und den Menschen Entspannung. Selbst wenn es gelänge, am Ort den Waldverlust durch entsprechendes Neuaufforsten statistisch zu kompensieren, müßten die heute Lebenden diese Entwicklung als erheblichen Eingriff in ihr Wohlbefinden registrieren.

Das tatsächliche Ausmaß der Verluste an forstwirtschaftlichen Altbeständen läßt sich aus den offiziellen Statistiken nicht erkennen, weil die in ihnen ausgewiesene Waldfläche seit 1960 nahezu konstant blieb, während sich das Abbauland (einschließlich Kiesgruben, Steinbrüche usw.) seitdem mehr als verdoppelte (1986 auf rund 98 000 Hektar) und die Wasserfläche fast um 43 Prozent zunahm (auf rund 291 000 Hektar).

Obwohl auch die Waldzerstörung infolge des abrupten Hochfahrens der Rohbraunkohlenförderung um fast 21 Prozent seit 1980 verhältnismäßig zügig vorangeschritten sein dürfte, gleichen die Ergebnisse der Wiederaufforstung noch nicht diesem Trend. Zwar lag der Höchstwert der letzten Jahre (1984 24 722 Hektar) um 8 Prozent über dem Ergebnis von 1980, aber immer noch gut 5 Prozent unter dem von 1970. Die Aufforstungsergebnisse von 1987 reichen aus, um 0,8 Prozent des derzeitigen Waldbestandes zu ersetzen. Die Aufforstungsergebnisse seit 1970 zusammengenommen entsprachen gut 13 Prozent am Waldbestand. Das ist nicht eben überragend. Zu den Gründen, die hierfür anzuführen wären, gehört zweifellos auch das Fehlen einer wirkungsvollen Motivation, die die Bergbaubetriebe anhält, der Land- und Forstwirtschaft entzogenen Boden wieder urbar gemacht zurückzugeben.

Fortschritte verspricht man sich von einem Beschluß des SED-Politbüros vom Juni 1986, der Maßnahmen zur Sicherung der Produktion von Rundholz, zum Schutz der Waldbestände und zur weiteren Verbesserung der landeskulturellen Leistungen des Waldes festlegt. Ihm zufolge sollten bis Ende 1987 alle Kahlflächen aufgeforstet und bis 1990 alle Pflegerückstände beseitigt sein. Das Aufforstungstempo sei zu steigern, auch mit Hilfe »freiwilliger« Jugendgruppen, die allein 1987 rund 8 400 Hektar Wald anpflanzten. Zwischen 1986 und 1990 sollen 125 000 Hektar Wald gepflanzt werden, immerhin 5 Prozent mehr als in den fünf Jahren davor (118 686 Hektar). Im Jahresdurchschnitt wären folglich 25 000 Hektar nötig. Das Ergebnis von 1986 lag knapp um 3 Prozent (24 338 Hektar), das von 1987 sogar um 10 Prozent (22 400 Hektar) darunter.

Planungstechnisch und statistisch lassen sich mit solchen Aktionen möglicherweise letztlich doch die entstandenen Flächenverluste ersetzen, doch Schonungen sind eben noch längst kein Wald.

2.3 Das Wasser

Die Oberfläche der DDR bilden zu 1,7 Prozent (1 900 km^2) Gewässer. Das errechnet sich aus den größeren und mittleren Wasserläufen mit einer Gesamtlänge von 31 500 Kilometern sowie etwa 13 200 stehenden Gewässern, darunter 260 Talsperren, Seen und Tagebaurestlöchern. Daraus entsteht ein verfügbares Wasserangebot von jährlich zehn bis elf Millarden Kubikmetern, welches Industrie, Landwirtschaft und private Haushalte im Normalfall zu 90 Prozent in Anspruch nehmen.

Wenn allen Anforderungen entsprochen werden soll, läßt sich

die Mehrfachnutzung des Wassers nicht umgehen. In industriellen Ballungsräumen im Süden der DDR wird es bis zu neun-, in Trockenjahren sogar bis zu dreizehnmal beansprucht.
Anfang 1988 standen mehr als 6 000 Wasserwerke mit 8,5 Millionen Kubikmeter installierter Tageskapazität zur Trink- und Brauchwasserversorgung und einem Leitungssystem von 90 000 Kilometern bereit. Um die Abwässer zu behandeln, verfügte die DDR über 1 100 Kläranlagen mit einem Kanalisationsnetz von 40 000 Kilometern und einer Tageskapazität von rund 3,2 Millionen Kubikmetern.
In die Gewässer der DDR werden jährlich etwa 7,7 Milliarden Kubikmeter Abwässer und Grubenwässer eingeleitet, was zu einer hohen organischen Belastung des Nutzwassers führt. Im Jahre 1980 waren 66 Prozent der Fließgewässer und 23 Prozent der stehenden Gewässer sanierungsbedürftig. Folglich hatte sich die Situation bei den Fließgewässern gegenüber 1973 geringfügig verschlechtert.
Rund 80 Prozent des Trinkwasserbedarfs deckt das Grundwasser. Anfang der achtziger Jahre betrug sein Anteil nur knapp 40 Prozent. Dieser Strukturwandel hat seine Ursache sicherlich auch im geringeren Aufbereitungsaufwand von Grundwasser, wirft zugleich aber ein Schlaglicht auf die Qualität des Oberflächenwassers in Flüssen, Seen und Talsperren. Die Bundesrepublik Deutschland gewinnt ihr Trinkwasser zu 70 Prozent aus Grundwasser.
Der Wasserhaushalt der DDR unterliegt extremen Belastungen. Noch vor zwanzig Jahren bildete der sorgsame und sinnvolle Umgang mit diesem Naturrohstoff keinen ernsthaften politischen Schwerpunkt. Sicherlich auch deshalb, weil es immer wieder möglich war, die verfügbaren wasserwirtschaftlichen Kapazitäten dem steigenden Verbrauch annähernd anzupassen. Bis Mitte der siebziger Jahre erhöhte sich die nutzbare Wasserabgabe an Endverbraucher im Fünfjahresrhythmus um über 20 Prozent. Die maximale Tageskapazität der Wasserwerke wuchs sogar zwischen 1975 und 1980 nochmals um 20 Prozent, während die nutzbare Wasserabgabe vergleichbar auf einen Zuwachs von 6 Prozent zurückfiel. Seit 1980 stehen nun auch wasserwirtschaftliche Überlegungen im Mittelpunkt der Umweltdiskussion. Im

Jahre 1982 trat das neue Wassergesetz in Kraft, um das offensichtlich wirkungslose Gesetz über den Schutz, die Nutzung und die Instandhaltung der Gewässer und den Schutz vor Hochwassergefahren von 1963 abzulösen.

Die wasserwirtschaftlichen Bedingungen in der DDR spitzten sich in den letzten Jahren weiter zu. Die maximale Tageskapazität der Wasserwerke stieg zwischen 1980 und 1987 nur um 21 Prozent. Die nutzbare Wasserabgabe entwickelte sich seit 1979 nicht mehr gleichmäßig, so daß auch die abgerechnete Leistung von 1986 unter der von 1982 lag. Neben kapazitiven Engpässen und der bereits behandelten Luftverschmutzung zählen zu den Ursachen der sich verschärfenden Situation die weiterhin wachsende industrielle Produktion, die intensiv betriebene Landwirtschaft, die ausgeweitete Rohbraunkohlenförderung sowie der Wohnungsbau.

Die Industrie der DDR verbraucht jährlich rund 60 Prozent des verfügbaren Wasserangebots (6,1 Milliarden Kubikmeter), wovon allein die Kondensationskraftwerke zur Elektroenergieerzeugung über 2,8 Milliarden Kubikmeter benötigen. Kurzfristig ist es nicht möglich, die vorhandenen industriellen Strukturen wasserfreundlicher zu gestalten. Die DDR hat mit der Energiewirtschaft, der chemischen Industrie, der Textil-, Bekleidungs-, Leder- und Papierindustrie, dem Bergbau und Hüttenwesen auf einem kleinen Territorium sehr wasserintensive Branchen. Ebensowenig kann es kurzfristig gelingen, der Wasserknappheit angepaßte Technologien zu entwickeln und einzuführen. Um Investitionen und Aufwand für weitere Vorleistungen einzusparen sowie die Trinkwasserversorgung nicht ernsthaft zu gefährden, erhalten die Unternehmen seit 1978 die Auflage, den spezifischen Wasserverbrauch zu senken und beispielsweise zwischen 1986 und 1990 aus dem öffentlichen Netz 30 bis 35 Millionen Kubikmeter Trinkwasser weniger zu entnehmen. Im Jahresdurchschnitt müßten also 6 bis 7 Millionen Kubikmeter Trinkwasser eingespart werden, doch das gelang weder 1986 (5 Millionen Kubikmeter) noch 1987 (4 Millionen Kubikmeter).

Die Anforderungen der politischen Führung, gemessen an früheren Zeiten, sind hart. Schließlich erhöhte sich im Zuge der

Kampagne um die Schichtarbeit die kalendertägliche Betriebszeit wichtiger Produktionsausrüstungen beispielsweise in Ostberlin von 13,6 Stunden (1980) auf 16,6 Stunden (1985), und die Forderung der Partei für Ostberlins Wirtschaft lautet, sie bis 1990 auf 18 Stunden zu steigern. Unter sonst gleichbleibenden Bedingungen bedeutet die verlängerte Einsatzzeit, in Ostberlin um ein Drittel in zehn Jahren, auch proportionales Anwachsen des Wasserbedarfs, so daß sich hier gegenläufige Prozesse abspielen.

Im Mittelpunkt aller Überlegungen, wie sich der industrielle Wasserverbrauch senken ließe, steht der sparsame Umgang mit diesem Rohstoff. Als Lösungen bieten sich an:
— zu Mehrfachkreisläufen überzugehen,
— hochproduktive Technologien zur Wasseraufbereitung und Abwasserbehandlung zu entwickeln,
— die Wasserverluste zu senken,
— wassersparende Produktionsverfahren aufzuspüren sowie, als indirekte Maßnahme,
— Elektroenergie einzusparen.

In den letzten Jahren verbesserten sich die technischen Voraussetzungen, die Abwasserlast in den besonders gefährdeten südlichen Flußgebieten (Saale, Pleiße, Mulde) besser zu kontrollieren bzw. den mehrfachen Wassereinsatz möglich zu machen. Die bisher größte, mehrstufige Industriekläranlage nahm im chemischen Kombinat Buna ihre Arbeit auf. Weitere Kläranlagen entstanden bei den Chemieanlagen in Espenhain, Böhlen und Merseburg sowie im Synthesewerk Schwarzheide. Außerdem gingen in der Lederfabrik Hirschberg, der Zellstoffabrik Blankenstein und der Spirituosen- und Hefefabrik Bernburg neue Industriekläranlagen in Betrieb. Mit ihrer Hilfe sollen Langzeitprogramme zur Gewässersanierung schrittweise realisiert werden. Insbesondere durch das verstärkte Rückgewinnen von Wertstoffen aus dem Abwasser würden, so heißt es offiziell, in den kommenden Jahren die Fortschritte beim Wasserschutz dann auch ganz augenfällig werden. Während 1986 die Wertstoffe zu knapp 50 Prozent wiedergewonnen wurden, sollen es bis 1990 fast 70 Prozent sein. Auf diese Weise will man die Gewässerbelastung im Rahmen von Grenzwerten halten. Solche Grenzwerte, sie beziehen sich auf die Konzentration der Inhaltsstoffe und die Abwasserlast, geben die behördlichen Wasserwirtschaftsdirektionen den Produzenten vor. Die Objektivität jener Grenzwerte ist allerdings anzuzweifeln, wenn man liest, daß die unterschiedliche Situation in den einzelnen Flußgebieten hinsichtlich Wasserbeschaffenheit, anliegenden Produktionsstätten, Konzentrationsgrad der Bevölkerung und anderes es erforderlich mache, diese Grenzwerte unterschiedlich für die einzelnen Hauptfluß- oder Flußgebiete festzulegen. Entsprechend weitgefächert fällt die Klassifizierung der Wasserbeschaffenheit von Fließgewässern aus. Man unterscheidet heute sieben Beschaffenheitsklassen, darunter vier mit Eignung für die Trinkwasserversorgung, wobei für die schlechteste unter diesen die Trinkwasseraufbereitung erhöhten Aufwand verursacht.

Die Landwirtschaft verbraucht rund 20 Prozent des Wasserangebots. Ihre intensiveren Bewirtschaftungsmethoden tangieren den Wasserhaushalt zweifach. Zum einen steigt der Wasserbedarf zur Bewässerung der Anbauflächen. Galt noch Ende der sechziger Jahre als gesicherte Erkenntnis, daß etwa 1,4 Millionen Hektar landwirtschaftliche Nutzfläche (rund 23 Prozent der gesamten) bewässerungsbedürftig seien, werden gegenwärtig rund 4,3 Millionen Hektar in diese Kategorie eingestuft. Sicherlich auch eine Folge der teilweise erheblichen Grundwasserabsenkung sowie der mit dem Einsatz überschwerer Landtechnik eingetretenen Bodenverdichtung.

Standen 1960 bewässerbare Flächen von 55 000 Hektar bereit, wuchs ihr Umfang bis 1987 auf 1,23 Millionen Hektar. Damit besteht die Möglichkeit, gut ein Viertel der bewässerungsbedürftigen Flächen zu bedienen.

Zum anderen hat die landwirtschaftliche Produktion Auswirkungen auf die Beschaffenheit der Gewässer.

Der Einsatz mineralischer Dünger nahm stark zu. Er wuchs je Hektar landwirtschaftlicher Nutzfläche im Jahre 1986 gegenüber 1950 bei Stickstoff auf das Vierfache (114,2 kg/Hektar), bei Phosphor auf das Dreieinhalbfache (56,8 kg/Hektar), bei Kali auf das Eineinhalbfache (93,4 kg/Hektar) und bei Kalk auf das Zweieinhalbfache (224,3 kg/Hektar). Diese Überdüngung hat zur Folge, daß überschüssige Nährstoffe an die Gewässer abgegeben werden. Der zunehmende Einsatz von weitsprühenden Agrarflugzeugen vergrößert das Risiko. Beispielsweise versprühten 1987 die Agrarflieger mehr als 60 Prozent der Frühjahrs-Stickstoffdüngung auf den Getreidefeldern, weil man sich davon Mehrerträge je Hektar von bis zu drei Dezitonnen versprach. Demgegenüber klagen DDR-Mediziner über die wachsende Nitratverseuchung des Grundwassers als Folge der Stickstoffdüngung, weil damit das Krebsrisiko und in Jodmangelgebieten das Kropf-Erkrankungsrisiko zunähmen.

Die konzentriert anfallende Gülle ist eine Folge intensiv betriebener Viehhaltung. Ihr Volumen erreichte bereits 1980 ca. 77 Millionen Kubikmeter, wodurch sich die potentielle Gewässerbelastung zwischen 1970 und 1980 verdoppelte. Da die vorhandenen Güllelager nur rund 4,7 Millionen Kubikmeter aufnehmen können, existiert im DDR-Durchschnitt eine theoretische Lagerkapazität von 16 bis 20 Tagen. In der modernen 30 000er Rindermastanlage von Ferdinandshof und der 4 000er Milchviehanlage von Dedelow sind beispielsweise Lagermöglichkeiten für 23 bzw. 30 Tage gegeben. Daraus folgt: Die landwirtschaftlichen Großbetriebe waren und sind gezwungen, diese organischen Düngemittel kontinuierlich, auch in den Wintermonaten bei Bodenfrost oder Schnee, auf die Felder zu verrieseln.

Besonders negative Wirkungen auf die Gewässerbeschaffenheit gehen vom bei der Fütterung mit Silage in einer Menge von 1,5 bis 2 Millionen Kubikmeter pro Jahr anfallenden Silosickersaft aus, weil seine Gewässerbelastungswerte drei- bis viermal höher als bei Hausabwässern, Jauche und Gülle liegen, zumal er sich bereits in einer Verdünnung von 1 : 10 000 im Trinkwasser geruchlich und geschmacklich nachweisen läßt.

Auch Schädlings- und Unkrautbekämpfungsmittel verursachen eine hohe Grundbelastung der Gewässer. Davon versprüht die DDR-Landwirtschaft flächenbezogen 40 Prozent mehr als die Bundesrepublik Deutschland. Der Einsatz von Herbiziden stieg bis 1986 auf 19 467 Tonnen (gegenüber 6 197 Tonnen in 1965). Besonders auffällig wuchs der Verbrauch von Pflanzenschutzmitteln in der Getreidewirtschaft. Der Anbau reiner, auf Hochleistung gezüchteter Kulturen, die zwar gute Erträge versprechen, aber sehr anfällig sind, macht dies notwendig. Die zusätzlichen Belastungen, die die DDR-Agrarfliegerei verursacht, treten auch beim Versprühen der Pflanzenschutzmittel auf.

Weil bisher über marktwirtschaftliche Instrumente (etwa Marktpreise für Pflanzenschutzmittel) dem großzügigen Umgang mit Chemikalien nicht Einhalt zu bieten war, setzt man neuerdings in allen Landkreisen der DDR sogenannte Leiter des Pflanzenschutzes ein, deren Aufgabe es ist, gründlich zu kontrollieren, daß nur die zur Bekämpfung von Krankheiten und Schädlingen verordneten Mengen ausgebracht werden.

Neuere Überlegungen zielen darauf ab, kommunale Abwässer wieder verstärkt auf landwirtschaftlichen Nutzflächen zu verregnen. Durch diese Form der Abwasserbehandlung, bei der das große Reinigungspotential des Bodens genutzt und den Pflanzen wertvolle Nährstoffe (Stickstoff, Phosphor, Kalium) zugeführt werden sollen, könnte, so hofft man, der Bedarf an teuren Kläranlagen wie an chemischem Dünger sinken. Andererseits besteht die Gefahr, daß die Abwässer mikrobielle und parasitäre Krankheitserreger wie auch Schwermetalle im Boden und Wasser anreichern und das Pflanzenwachstum beeinträchtigen. Landwirtschaft auf Rieselfeldern, keine sehr überzeugend klingende Lösung.

Beim Abbau der Rohbraunkohle in Tiefen von bisher 70 bis 100 Metern läßt sich die geotechnische Sicherheit nur gewährleisten, wenn im Durchschnitt mit jeder Tonne Kohle zugleich 6 bis 7 Kubikmeter Wasser abgepumpt und an die Oberfläche befördert werden (1957 genügten 3 Kubikmeter). Für das Jahr 2000, in dem der Abbau auch in 170 bis 200 Meter Tiefe stattfinden soll, rechnen Experten bereits mit bis zu 12 Kubikmetern, wobei sich der Zufluß salzhaltigen Wassers merklich verstärken wird.

Mit diesen Rechnungen ist jedoch nicht die gesamte Wassermenge erfaßt, die die Rohbraunkohlenwirtschaft in Mitleidenschaft zieht. Da jede Tonne gehobene Rohbraunkohle selbst 40 bis 60 Prozent Wasserbestandteile enthält, sind die direkten Auswirkungen auf den Wasserhaushalt letztendlich noch viel krasser. Während 1975 ca. 1,4 Milliarden Kubikmeter Grundwasser aus den Tagebauen abgezogen werden mußten, förderten die Filterbrunnen (Anteil 80 Prozent) und die Pumpstationen (20 Prozent) 1986 bereits 1,9 Milliarden Kubikmeter zutage. Das ist erheblich mehr, als für die Trinkwasserversorgung der Bevölkerung dem Grundwasser entnommen wird, und verursacht Kosten in Höhe von 750 Millionen Mark. Bei etwa gleichbleibender Förderleistung rechnen Experten für das Jahr 2000 schon mit 2,5 Milliarden Kubikmetern.

Das Kohleentwässern hat Auswirkungen auf den Wasserhaushalt der DDR in zweierlei Form: Zum einen verwandelt es wertvolles Grundwasser in teilweise verschmutztes Oberflächenwasser. Zum anderen senkt es in Reichweite des Entwässerungstrichters den Grundwasserspiegel ab, was insbesondere die Land- und Forstwirtschaft in Gegenden gefährdet, in denen sich mehrere solcher Trichter überschneiden. Das trifft vor allem für den Raum Cottbus zu, wo angesichts der Struktur der Böden und des Grundwasserentzugs durch die Tagebaue Bewässerungsmaßnahmen immer wichtiger werden.

Aber auch im Raum Leipzig/Halle ist der Grundwasserspiegel infolge des Grubenbetriebes in einigen Gegenden beträchtlich gesunken. Die Wasserreservoire in der Umgebung Leipzigs sind längst erschöpft, weshalb Wasser aus immer größeren Entfernungen, beispielsweise von der Elbe herangeführt werden muß.

Um die Auswirkungen auf den Wasserhaushalt einzugrenzen, wird seit einigen Jahren versucht, das Grubenwasser wirtschaftlich zu nutzen. Das ist wegen der Ortsveränderlichkeit des Tagebaubetriebes und mithin der Wassergewinnungsstellen sowie aus Gründen der Wasserqualität mit Schwierigkeiten verbunden. Während früher kaum 20 Prozent für die Wasserversorgung von Industrie, Landwirtschaft und Bevölkerung in Frage kamen, stieg die Ausbeute 1980 auf 23 Prozent (352 Millionen Kubikmeter) und bis 1986 auf 34 Prozent (650 Millionen Kubikmeter). Der Beitrag zum Trinkwasseraufkommen hält sich noch in Grenzen, die Verwendung als Brauchwasser dominiert.

Nicht direkt genutztes Grubenwasser wird gereinigt und den Flüssen (Spree, Elster, Saale, Mulde) zugeführt. Die Tagebaurestlöcher, die nach dem Auskohlen der Lagerstätten zurück-

bleiben, laufen wieder mit Grundwasser voll, dienen als Rückhaltebecken bzw. Reinigungsanlagen, in einigen Fällen auch als Badeseen, wobei deren Oberflächen auch die Wasserverdunstung begünstigen und somit die Grundwasservorräte schmälern.
Das Wohnungsbauprogramm, insbesondere der Zuwachs an Neubauwohnungen, hat erheblichen Einfluß auf den Wasserverbrauch und die Wasserverschmutzung. Während in ländlichen und Altbaugebieten pro Einwohner täglich 40 bis 80 Liter aus dem öffentlichen Wasserangebot entnommen werden, steigt nach DDR-Angaben die Wasserentnahme in Neubauwohnungen auf 200 bis maximal 400 Liter. In dem Maße, wie sich die Struktur des Wohnungsbestandes in der DDR verjüngt, wächst also der Wasserbedarf. Man rechnet mit 3 bis 3,5 Prozent jährlichem Zuwachs. Die Trinkwasserbereitstellung folgte dieser Bedarfsanalyse seit 1980 nicht, sonst hätte, bezogen auf 1980, der Bevölkerung im Jahre 1986 mindestens ein Angebot von 830 Millionen Kubikmetern zur Verfügung stehen müssen. Doch selbst die Zielstellung des Ministeriums für Umweltschutz und Wasserwirtschaft (Bedarfszuwachs jährlich mindestens 2 Prozent) blieb 1986, bezogen auf 1980, um 24 Millionen Kubikmeter untererfüllt. Obwohl 1986 kein extremes Trockenjahr war und vom Wohnungsbau die entsprechenden bedarfssteigernden Impulse ausgingen, lag die pro Kopf und Tag an die Bevölkerung abgegebene Wassermenge (135,8 Liter) unter dem Niveau von 1983, während, bei einem nahezu gleichen Ausgangsniveau im Jahre 1960 von 90 Litern, in der Bundesrepublik Deutschland 1985 gut 148 Liter verbraucht wurden.
So verstärkt sich der Eindruck, daß die wasserwirtschaftlichen Leistungsträger in der DDR, zumindest regional, an die Grenzen ihrer Kapazitäten stoßen. Schon die ersten heißen Tage des Sommers 1986 brachten einer ADN-Meldung zufolge durch Druckabfall bedingte Schwierigkeiten bei der Versorgung einiger Gebiete, vor allem am Stadtrand von Ostberlin. In Teilen von Kaulsdorf, Mahlsdorf, Altglienicke und Blankenburg, so die DDR-Nachrichtenagentur, werde sich vorerst am niedrigen Wasserdruck nichts ändern können. Zugleich wurden die Ostberliner aufgerufen, vor allem beim Wässern von Grünanlagen

und Straßenbäumen nach Möglichkeit kein Trinkwasser zu verwenden.
Bewohner von Neubauwohnungen in Perleberg und Wittenberge rügten, daß es in den oberen Etagen häufig nicht mal ausreichend Wasser zum Waschen gebe.
In und um Leipzig führen die dort Ansässigen Klage über Probleme mit und die Qualität der Trinkwasserversorgung. Ähnliches trifft auf den Raum Plauen zu.
Man fühlte sich in längst überwunden geglaubte Zeiten zurückversetzt, als in den heißen Sommermonaten der Jahre 1969 in der DDR noch 269 und 1973 immerhin noch 114 offiziell anerkannte instabile Versorgungsgebiete existierten.
Eine Ursache für die Wasserknappheit in den Wohnungen ist zweifellos im überalterten Rohrleitungsnetz zu suchen. Allein im Verwaltungsbezirk Leipzig treten jährlich 6 000 Rohrbrüche auf. Über diese unterirdischen Springbrunnen versickert viel Trinkwasser, denn in den Städten Leipzig, Altenburg und Borna vergehen bis zur Reparatur wesentlich mehr als 24 Stunden.
Im Verwaltungsbezirk Magdeburg versucht man durch Computereinsatz der mißlichen Lage Herr zu werden. Im mit 125 Jahren ältesten, rekonstruierten Flußwasserwerk der DDR in Magdeburg-Buckau wurde ein Zentralrechner installiert. Er kann Druckschwankungen in dem 2 500 Kilometer langen Rohrleitungssystem signalisieren. Sogar kleine Leckstellen bemerkt die Anlage sofort.
Welchen Gefährdungen die Wasserversorgung der Bevölkerung in der DDR ausgesetzt ist, verdeutlicht folgende Überschlagsrechnung:
Im Vergleich zum Wohnungsbestand und seiner Struktur wuchs der Anteil modernisierter und neugebauter Wohnungen bis 1987 gegenüber 1970 um über 40 Prozent. Da, wie bereits erwähnt, nach DDR-Angaben der Wasserverbrauch in solchen Wohnungen im Durchschnitt mindestens dreimal höher als in Altbauwohnungen liegt, müßte sich der Wasserverbrauch der DDR-Haushalte bis 1987 nahezu verdoppelt haben. Tatsächlich lag das im Jahre 1983 erzielte Maximum der Trinkwasserabgabe nur zu 55 Prozent über dem Vergleichswert. Unter diesen Umständen muß die politische Führung in der DDR beinahe zufrieden dar-

über sein, daß fast 42 Prozent aller Haushalte in Wohnungen leben, die vor 1945 gebaut und bisher noch nicht saniert wurden, weil deren sanitäre Versorgung vielfach dem Entfalten des latent bei allen modernen Menschen vorhandenen Bedarfs nach bequemer Wasserbenutzung enge Grenzen setzt. Das Wohnungsbauprogramm scheint gefährdet. Entlastung erhoffen sich die Verantwortlichen vom Absenken der Trinkwasserentnahme aus dem öffentlichen Netz für gewerbliche und landwirtschaftliche Zwecke. Ob die erzielbaren Einsparungen ausreichen werden, um die Defizite auszugleichen, bleibt fraglich. Insbesondere in Ballungsräumen sind nach dem Urteil von DDR-Fachleuten in den nächsten beiden Dezennien kritische Versorgungssituationen nicht auszuschließen, weshalb in den Einzugsgebieten der Unstrut, der Schwarzen Elster, der Weißen Elster und der Saale ein weiteres Ansteigen des Wasserbedarfs nicht mehr tragbar sei.

Andererseits ergeben sich aus dem Wohnungsbau, insbesondere der Modernisierung von Altbausubstanz zusätzliche Anforderungen an die Reinigung der Haushaltsabwässer, denn steigender Wasserverbrauch schließt ja zugleich auch entsprechend größeren Abwasseranfall ein. In Sanierungsgebieten ist es sehr kostspielig und zeitaufwendig, das erforderliche Abwasserleitungsnetz nachzurüsten.

Großer Mangel besteht nach wie vor an leistungsfähigen und technisch einwandfreien Anlagen zur vollbiologischen bzw. chemischen Abwasserbehandlung. Obwohl es auch mit finanzieller Unterstützung der Bundesrepublik Deutschland gelang, das größte und modernste kommunale Klärwerk der DDR bei Schönerlinde und die kleine Kläranlage in Sonneberg in Betrieb zu nehmen und in den letzten fünf Jahren rund 190 verschiedene andere kommunale Klärwerke rekonstruiert oder erweitert wurden, reichen die in Klein- und Mittelstädten vorhandenen Kapazitäten in Anbetracht des Wohnungsbaugeschehens keinesfalls aus. Während 1986 etwa 92 Prozent aller Einwohner der DDR die zentrale Wasserleitung nutzten, erreichte der vergleichbare Anschluß an die öffentliche Kanalisation nur 71,3 Prozent und damit seit 1980 nur einen geringen Zuwachs. Doch auch diese Mittelwerte gelten nicht flächendeckend. Im Verwaltungskreis Tangermünde beispielsweise werden nach dem Bau von vier Klärwerken auch 1990 erst 68,8 Prozent aller Haushalte der öffentlichen Kanalisation angeschlossen sein.

3. Gesamtbewertung

Die Umweltschutzpolitik der DDR-Führung liefert ein trauriges, aber anschauliches Beispiel für die Struktur- und Innovationsschwäche der Zentralverwaltungswirtschaften sowjetischen Typs. Auf die weltweiten Herausforderungen der siebziger und achtziger Jahre, bekannt geworden mit dem Terminus Energiepreisschock, der den Opec-Rohölpreis von 3,40 US-Dollar pro Barrel (1973) auf 34,50 US-Dollar (1981) hochschnellen ließ, fand man keine adäquaten Antworten. Während die marktwirtschaftlichen Ordnungen alternative Projekte vorantrieben (z.B. den allerdings umstrittenen Ausbau der Kernenergie, die Kohleverflüssigung, die Entwicklung von Alternativenergien) und den spezifischen Energieverbrauch durch Erhöhung des energetischen Wirkungsgrades drastisch reduzierten (z.B. Benzinverbrauch der Ottomotoren, Stromverbrauch der Glühbirnen, Heizenergiebedarf der Wohnungen), reagierten die politisch Verantwortlichen in der DDR viel zu spät und nahmen erneut zu administrativen Lösungen Zuflucht: Verwendungsverbote für Erdölprodukte, Ausweiten der Mehrschichtarbeit und des Rohbraunkohlenverbrauchs.

Dieser 1978 eingeleitete und nach 1980 beschleunigte Kurswechsel ließ sich nur ohne Rücksicht auf die Umwelt »durchziehen«. Inzwischen drohen irreversible Umweltschäden. Das veranlaßt die politische Führung, mit Informationen über die Umweltsituation sehr restriktiv zu verfahren, weil nicht sein kann, was nicht sein darf. Dabei verfügt die DDR-Seite beispielsweise über erprobte automatische Luftüberwachungssysteme, so im Bezirk Leipzig seit 1980, die gleichzeitig und kontinuierlich den Anteil von Schwefeldioxid, Kohlenmonoxid und Staub messen und sogar Immissionsprognosen erstellen können. Vergleichbares bahnt sich mit der beabsichtigten Computerüberwachung der Spree, später auch anderer Flüsse, sowie der 11 000 Meßstellen zur Kontrolle der Grundwasserbeschaffenheit an, um aussagekräftigere Informationen über die ablaufenden wasserwirtschaftlichen Prozesse verfügbar zu haben.

Die betroffene Öffentlichkeit aber bleibt bisher von solchen Erkenntnisfortschritten weitgehend ausgespart. Sie könnten die Widersprüchlichkeit der offiziellen Wirtschaftspolitik dokumentieren. Eine Führung, die wachsende Umweltbelastung wissentlich zuläßt bzw. veranlaßt, kann glaubwürdig weder gegenüber den Unternehmen noch den Bürgern für mehr Umweltbewußtsein eintreten, zumindest nicht, solange sie weiter eine Wirtschaftspolitik favorisiert, die im Zweifelsfall, und sei es aus Gründen der politischen Macht, den Schutz der Umwelt ignoriert.

Die letzten Jahre erbrachten in dieser Beziehung eindeutige Resultate: Die Umwelt- und damit die Lebensqualität nahmen erkennbar ab. Da ist es wenig tröstlich, wenn DDR-Wissenschaftler in Aussicht stellen, in hundert Jahren würden die Flüsse drüben wieder so sauber sein, wie heute vor hundert Jahren und damit würde eine »Episode« vorübergehender Verschärfung der ökologischen Situation beendet.

VI. Der private Verbrauch

1. Askese oder entwickelter privater Verbrauch?

Unter den Kriterienkomplexen, die für die Beurteilung wirtschaftlicher Resultate besonders wichtig sind, kommt dem privaten Verbrauch eine Schlüsselrolle zu. Nicht nur, weil er am unmittelbarsten zum Ausdruck bringt, in welchem Ausmaß Privatpersonen oder -haushalte ihre Bedürfnisse durch Inanspruchnahme von Diensten oder Gütern befriedigen können. Auch deshalb, weil er motivierend wirkt in Wirtschaftsordnungen, deren Funktionieren maßgeblich vom Engagement des einzelnen abhängt.

Der private Verbrauch vermittelt meist direkter als anderes, wie sich die wirtschaftlichen Verhältnisse für das persönliche Wohlergehen gestalten. Und zwar permanent, weil existentielle Bedürfnisse immer aufs neue befriedigt werden müssen (das Essen, Trinken, Kleiden), während mit dem Anmieten einer Wohnung oder dem Bau eines Eigenheimes beispielsweise die Befriedigung des ebenfalls existentiellen Wohnbedürfnisses für längere Zeit abgeschlossen ist und an Dringlichkeit verliert.

Außerdem besteht eine nahezu direkte Beziehung zwischen der Höhe der Realeinkommen (Lohn, Rente, Gehalt) und dem privaten Verbrauch, weil es sich bei ihm im wesentlichen um den entgeltlichen Erwerb von Gütern und Diensten handelt. Mithin: Im privaten Verbrauch kulminieren gewissermaßen die sozialen Resultate des Wirtschaftens. Trotzdem gibt es zwischen den hier behandelten vier Bewertungskomplexen durchaus ernstzunehmende Interdependenzen, die jede Überhöhung des privaten Verbrauchs verbieten bzw. seinen sozialen Bezugsrahmen deutlicher abstecken. Beispielsweise verhindern Restriktionen oder gar

Rationierungen auf dem Wohnungsmarkt zugleich den privaten Verbrauch an Gütern zur Wohnausstattung. Vergleichbares trifft auf den Freizeitbereich zu. Mangelhaftes Angebot verhindert auch hier, daß sich ein entsprechender Verbrauch entwickelt. Natürlich gibt es auch gegenläufige Wirkungen. Umwelt- und gestiegenes Gesundheitsbewußtsein setzen manchem tradierten Verbrauchsverhalten neue Grenzen.

Die Verantwortungsträger in der DDR wissen um die zentrale Bedeutung des privaten Verbrauchs für ihre Wirtschafts- und Gesellschaftspolitik. Schließlich zeugt sein Niveau täglich erlebbar von der erreichten wirtschaftlichen Leistungskraft bzw. macht sichtbar, in welchem Maß der einzelne an dieser Leistungskraft teilhat. Im Lebensstandard der Bevölkerung, darin, welche Wünsche sie sich erfüllen kann und welche nicht, spiegelt sich subjektiv zugleich der Standard der realsozialistischen Volkswirtschaft.

Anfang der siebziger Jahre hielt man in der DDR die Zeit für gekommen, um, wie es hieß, den dem höchsten Ziel der sozialistischen Produktion entsprechend intensiver werdenden Wechselbeziehungen zwischen Produktion, privatem Verbrauch und Bedürfnissen auf quantitativ und qualitativ neue Weise Rechnung zu tragen. Dazu war einerseits ein erheblich besseres Konsumgüterangebot in Menge, Vielfalt und Qualität vonnöten, denn größere Teile der Bevölkerung fanden bereits damals für ihr Geld nicht die entsprechenden Waren. Umfangreiche Finanzmittel des Staates flossen deshalb in die Konsumgüterindustrie, um deren technische wie kapazitative Ausstattung zu verbessern. Wurden dafür 1972 etwa 800 Millionen Mark aufgewandt, sahen die damaligen Planungen für 1975 mehr als acht Milliarden Mark vor. Das Anlagenkapital vieler Betriebe wurde erweitert, so beispielsweise bis 1976 im Textilkombinat Cottbus, Obertrikotagenwerk Apolda, Strumpfkombinat ESDA Thalheim, Obertrikotagenbetrieb Wittstock, Möbelkombinat Hellerau, Getränkekombinat Ostberlin, Backwarenkombinat Ostberlin, Bekleidungskombinat Heiligenstadt, Herrenoberbekleidungsbetrieb Dresden, Gardinenbetrieb Plauen, Kleiderwerk Altentreptow, in der Schuhfabrik Seifhennersdorf und im Fliesenwerk Boizenburg.

Ein nicht unerheblicher Teil dieser Investitionen wurde mit Westkrediten realisiert.

Andererseits war es notwendig, die Einkommen ausgewählter Bevölkerungsschichten, insbesondere der Rentner und der Bezieher unterer und mittlerer Gehälter, zu erhöhen, da ein zu starkes Auseinanderklaffen im Konsum und in dessen Gefolge soziale Spannungen drohten. Gleichzeitig sollte sich die Einkommenslage aller Erwerbstätigen verbessern, um das allgemeine Niveau des privaten Verbrauchs anzuheben und neue Arbeitsanreize zu schaffen.

Der relativ starke Einkommenszuwachs für die Rentner in den siebziger Jahren wurde bereits in anderem Zusammenhang erwähnt. Auch die Einkommen der übrigen Bevölkerungsschichten stiegen, wenngleich wesentlich langsamer als einstmals beabsichtigt. Die eher zurückhaltenden Vorhersagen des Instituts für Marktforschung Leipzig über die monatlichen Nettoeinkünfte von Arbeiter- und Angestelltenhaushalten, die es im Auftrag der Regierung der DDR im Jahre 1973 erarbeitete, machen das, im Vergleich zur tatsächlichen Entwicklung, deutlich. Ihnen ist zu entnehmen, daß die mittleren monatlichen Geldeinkommen von Arbeitnehmerhaushalten bereits seit 1975 gegenüber den ursprünglichen Annahmen erheblich nach unten abwichen. Der Ist-Wert von 1980 mit 1 490 Mark blieb schon um 270 Mark je Haushalt und Monat hinter der Vorhersage zurück. Diese Tendenz setzte sich mit 1 746 Mark bis 1985 fort (Differenz 400 Mark), obgleich seit 1970 die Zahl der Berufstätigen je Haushalt und damit die Zahl ihrer Einkommensbezieher insbesondere wegen der zunehmenden Berufstätigkeit der Frauen und Mütter stetig wuchs.

Für 1990 war ein Haushaltsnettoeinkommen von 2 630 Mark erwartet worden. Es bestätigt sich, was schon in anderem Zusammenhang festgestellt wurde: Weil die SED-Führung ihre 1971 verkündete Politik verstärkter Förderung des Marktangebots für den privaten Verbrauch nicht durchhalten konnte, versuchte sie, den Zuwachs der Geldeinkommen zu drosseln, ihn niedriger als ehemals vorgesehen zu halten, wobei das Unterschreiten der ohnehin reduzierten Planziele für den Zeitraum 1981 bis 1985 besonders ins Auge springt.

Dennoch: Die Ansichten über die wirtschaftspolitische Bedeutung des privaten Verbrauchs haben sich nicht geändert. Sicherlich auch deshalb, weil die westlichen Länder ständig neue Maßstäbe setzen. Schon Lenin mußte mit der Kritik der Bevölkerung leben, der Kapitalist verstünde sich aufs Versorgen, die Bolschewisten jedoch nicht. Mehr als 65 Jahre danach schlägt man sich im Osten noch immer mit diesem Problem herum. Stärker als zu Lenins Zeiten betonen dessen Nachfolger im Amt heute jedoch die Notwendigkeit, Einkommen und Konsum zu differenzieren. Sie hoffen, durch Unterschiede im privaten Verbrauch und im Lebensniveau den allenthalben erlahmten Arbeitseifer neu entfachen zu können. Ungleichheit im Lebensstandard, der auf ungleichem Arbeitsergebnis beruhe, so sagen sie, sei ein wichtiger Impuls zur Leistungssteigerung. In Kurzform: Über den Konsumismus zum Kommunismus.

Die Erfahrungen mit dem Realsozialismus bestätigen den kausalen Zusammenhang zwischen vollen Fleischtöpfen und Leistungsverhalten nicht. Zur Leistungsmotivation, zu Innovation und Kreativität und damit auch zu staatstragendem Verhalten, zur Akzeptanz der staatlichen Ordnung gehört mehr (Bewegungsfreiheit, Informations- und Meinungsfreiheit, Pluralismus und Demokratie) als ein hoher Stand des privaten Verbrauchs. Letzterer ist aber zweifelsfrei für die Mehrheit der Betroffenen notwendige Bedingung.

2. Besonderheiten des privaten Verbrauchs und seiner Quantifizierung

Selbst für DDR-Wissenschaftler bleibt es schwierig, einen einigermaßen plausiblen Nachweis vom Stand des privaten Verbrauchs, also dem bedürfnisorientierten Kauf von Gütern und Leistungen zu führen. Schon deshalb, weil die verfügbare Informationsbasis, insbesondere wegen der machtpolitischen Brisanz der Thematik, nicht ausreicht. Die offiziellen Statistiken zum wirtschaftlichen Geschehen sind gerade in diesem Punkt, der ja den vorgeblichen Endzweck des Wirtschaftens im Realsozialismus belegbar machen könnte, besonders unvollkommen. Nicht, weil in einer Zentralverwaltungswirtschaft sowjetischen Typs darüber keine Erkenntnisse vorlägen, sondern, weil sich hier Anspruch und Realität sehr leicht verifizieren ließen. Darum ist es in der DDR auch untersagt, in wissenschaftlichen Publikationen zu diesem Gegenstand andere als die dürftigen offiziellen Angaben zu zitieren bzw. in die Argumentation einzubringen, selbst dann, wenn aus gezielter Feldforschung aussagefähige Erkenntnisse vorliegen sollten.

Unter diesen Bedingungen muß, zumal für Außenstehende, die Analyse des privaten Verbrauchs weitgehend auf die Untersuchung der Barkäufe der Bevölkerung in den Geschäften des Handels bzw. in den rund 26 000 Gaststätten, erfaßt im Einzelhandelsumsatz, und auf wenige, darauf aufbauende Verbrauchs- und Ausstattungsangaben begrenzt bleiben. In der DDR-Wirklichkeit gehört zum privaten Verbrauch jedoch darüber hinaus:

● Ein erheblicher Teil Selbstversorgung für Essen und Trinken: Die inzwischen 1,5 Millionen Mitglieder des Verbandes der Kleintierzüchter, Kleingärtner und Siedler (gut 9 Prozent der Wohnbevölkerung) stellten dem staatlichen Handel zwischen 1981 und 1985 unter anderem 998 901 Tonnen Obst, 761 909 Tonnen Gemüse, 104 690 Tonnen Kaninchenfleisch, 25 574 Tonnen Bienenhonig und 9,6 Milliarden Stück Hühnereier zur Verfügung. Im Jahre 1986 stieg ihr Angebot gegenüber dem Vorjahr bei Schlachtschweinen um 11 Prozent, bei Schlachtgeflügel und -kaninchen um jeweils 22 Prozent, bei Bienenhonig um 46 Prozent und bei Wolle um 5 Prozent. Damit steuerten die privaten Produzenten zum Angebot des Jahres 1986 fast alle Kaninchen, 98 Prozent des Bienenhonigs, 75 Prozent aller Enten, 66 Prozent aller Gänse, 27 Prozent der Schafwolle und 14 Prozent der Schweine bei. Diese Entwicklung setzt sich fort, denn bis 1990 sollen weitere 100 000 Kleingärten hinzukommen. Es steht völlig außer Zweifel, daß die privaten Anbieter neben diesen, mit dem Staat vertraglich vereinbarten Lieferungen in nicht bekannter Höhe darüber hinaus ihren Eigenbedarf und den von Nachbarn und Freunden decken. Für diesen Beitrag zum privaten Verbrauch, etwa zum Pro-Kopf-Verbrauch an Lebensmitteln, gibt es keinen statistischen Nachweis.

● Ein wachsender Teil Selbstversorgung in anderen Bereichen:

Offensichtliche Unzufriedenheit mit den Reparatur- und sonstigen Dienstleistungen aber ebenso mit dem Warenangebot des Handels begünstigen den Trend zu Eigenleistungen und Schattenwirtschaft. Bereits 1980 machten DDR-Experten darauf aufmerksam, daß einem sinkenden Verbrauch an konfektionierter Damenoberbekleidung steigender Umsatz an Meterware, Handstrickgarnen, Haushaltnäh- und -strickmaschinen gegenüberstand. Diese Entwicklung hat sich in letzter Zeit, nicht zuletzt wegen der stark gestiegenen Preise für Konfektion, fortgesetzt, so daß sich die Relationen im Bestand zwischen industriell und privat gefertigter Garderobe bis 1982 fast ununterbrochen zugunsten letzterer gewandelt haben. Der Anteil zu Hause gefertigter Kleidungsstücke an den Anschaffungen betrug beispielsweise bei Damenoberbekleidung zwischen 1970 und 1973 rund 30 Prozent, seit 1981 jedoch über 45 Prozent. Auch diese Leistungen für den privaten Verbrauch werden amtlich nicht erfaßt.

● Paketgeschenke von Verwandten und Freunden aus der Bundesrepublik Deutschland: Sie beeinflussen den statistischen Nachweis des privaten Verbrauchs in mehrfacher Hinsicht. Zum einen reduzieren sie den Inlandsverbrauch mindestens um deren Höhe, gleiches Preisniveau unterstellt. Das Institut für Marktforschung Leipzig bezeichnete vor Jahren den Saldo im innerdeutschen privaten Warenverkehr als ausgeglichen. Westliche Experten veranschlagen den privaten Nettotransfer der Bundesrepublik (seit 1980 zwischen 15 und 17 Millionen Sendungen) realistischer auf jährlich eine Milliarde DM. Zum anderen beeinflussen sie die Verbrauchsstruktur, weil beispielsweise Geld, das infolge westlicher Kaffeepäckchen in der DDR nicht für Kaffee ausgegeben werden muß, für anderes verwendet werden kann.

Vergleichbares gilt für mitgebrachte Geschenke von dienstlichen oder privaten Westreisen, die zusätzlich ein Jahresvolumen von 500 Millionen DM annehmen dürften.

● Devisenkäufe im GENEX-Geschenkdienst oder in Intershops der DDR: Obwohl diese Bezugsquellen den privaten Verbrauch in der DDR vor allem qualitativ maßgeblich beeinflussen und über deren Höhe und Struktur intern statistische Primärbelege existieren, fließen sie in die veröffentlichten Verbrauchsanalysen nicht ein. Das wiegt um so schwerer, als über diese Bezugsquellen vorwiegend Erzeugnisse erworben werden, die es im staatlichen Angebot für den Binnenmarkt nicht zu kaufen gibt. Ihrer Wirkung nach sind sie dem privaten Warenverkehr mit der Bundesrepublik gleichzusetzen. Ihr Jahresumsatz wurde für 1978 offiziell mit 700 Millionen DM beziffert. Inzwischen dürfte er rund 2,5 Milliarden DM betragen.

Diese Ergänzungen bestätigen: Teile des realen privaten Verbrauchs bleiben in den offiziellen DDR-Nachweisen unberücksichtigt. Das gilt vorzugsweise für alle Formen von angebotsseitig ausgelöster Schattenwirtschaft bzw. Selbstversorgung. Andere Teile des privaten Verbrauchs in der DDR stehen in keiner Beziehung zum Leistungsvermögen der eigenen Wirtschaft. Sie sind nicht das Resultat planwirtschaftlicher Bemühungen, sondern wegen der speziellen innerdeutschen Situation das Ergebnis stiller Teilhabe an der sozialen Marktwirtschaft der Bundesrepublik. Sie sind, wie es ein ehemaliger Mitarbeiter der Ständigen Vertretung in Ostberlin formulierte, nicht selten das Ergebnis »erbetener Teilnahme am Konsum« über Sach- und Geldgeschenke.

Um zu einem realistischen Bild des privaten Verbrauchs zu gelangen, zumal bei dieser Datenlage, wäre gezielte Feldforschung nötig. Sie ist nicht möglich. So bleibt nichts anderes, als die Verkäufe an die Bevölkerung (den Einzelhandelsumsatz) zu analysieren. Dabei ist zu berücksichtigen:

■ Verstärkt seit 1970 kaufen Diplomaten, andere Ausländer und Bundesdeutsche (Zwangsumtausch) auf dem nach außen hermetisch abgeschlossenen Binnenmarkt der DDR ein, begünstigen also das Wachstum des Einzelhandelsumsatzes, ohne daß es in einer Beziehung zum privaten Verbrauch der DDR-Bewohner steht.

■ Im nominalen Einzelhandelsumsatz sind Preiserhöhungen enthalten, wodurch, da offiziell keine Inflationsrate zugegeben wird, der Eindruck einer Entwicklung entsteht, die im privaten Verbrauch so nicht stattfand.

■ In der Struktur des Einzelhandelsumsatzes kommt nicht notwendigerweise die Bedarfsstruktur der DDR-Bewohner zum

Ausdruck, weil einerseits der Staat auf dem geschlossenen Binnenmarkt über das uneingeschränkte Angebotsmonopol verfügt und sich dem Konsumenten mit seiner Binnenwährung häufig nur die Alternative zwischen Kauf oder Nichtkauf stellt. Andererseits sind insbesondere bei Geschenken von Ost nach West (beispielsweise durch das vielfache Versenden von Dresdner Christstollen) Bedarfsspitzen und damit Umsatzentwicklungen möglich, die sich aus dem Eigenbedarf in der DDR nicht herleiten.

■ Auf Volumen wie Struktur des Einzelhandelsumsatzes hatten Kreditgeschäfte kaum Einfluß, weil es, entgegen der Entwicklung Anfang der siebziger Jahre, von Ehestandsdarlehen und einigen Teilzahlungskrediten abgesehen, keine Konsumentenkredite mehr gab.

■ Im Einzelhandelsumsatz stecken auch die 700 Millionen Mark Umsatz (1986) des Gebrauchtwarenhandels, den fast 800 Spezialverkaufsstellen und nebenbei 1 000 Fachgeschäfte betreiben und der wegen der Preisgestaltung einen Neuwarenumsatz von rund 2,1 Milliarden Mark repräsentiert.

■ Die Einkaufsmöglichkeiten sind in der DDR sehr unterschiedlich und damit auch die Voraussetzungen für den privaten Verbrauch, weil man regional einerseits bewußt Unterversorgung in Kauf nimmt und andererseits überdurchschnittlich gut versorgt (beispielsweise der Wismut-Handel, die sogenannte Hauptstadtversorgung oder die Schwerpunktversorgung in Industriestandorten).

3. Verkäufe an die Bevölkerung

Die Verkäufe an die Bevölkerung wuchsen seit 1970 von Jahrfünft zu Jahrfünft langsamer. Lag der nominale Pro-Kopf-Einzelhandelsumsatz des Jahres 1975 noch 29 Prozent über dem von 1970, so übertraf der Vergleichswert von 1986 (mit 7 089 Mark) das Ergebnis von 1981 nur noch um 16 Prozent. Real dürfte der Wachstumsrückgang noch kräftiger ausgefallen sein, weil die großflächigen Preiserhöhungen für Konsumartikel erst Mitte der siebziger Jahre einsetzten. Am Handelsumsatz haben

die Gaststätten einen nahezu konstanten Anteil von 10 Prozent. Der Struktur nach entwickelte sich der Anteil der Nahrungs- und Genußmittel am gesamten Einzelhandelsumsatz der DDR wie folgt:
1965 : 56,4 Prozent
1970 : 55,8 Prozent
1975 : 51,9 Prozent
1980 : 50,2 Prozent (Ostberlin: 45,9 Prozent)
1986 : 49,6 Prozent (Ostberlin: 45,4 Prozent)
1987 : 49,3 Prozent
Damit blieb außer in Ostberlin unerreicht, was DDR-Experten mit Blick auf westliche Industriestaaten (Anteil des Lebensmittelumsatzes der Bundesrepublik Deutschland am Einzelhandelsumsatz 1986: 30 Prozent) der DDR-Wirtschaft bereits für 1965 zum Ziel gestellt hatten: Wesentlich weniger als 50 Prozent der Verkäufe sollten auf Nahrungs- und Genußmittel entfallen. Neuere Planrechnungen sehen vor, bis 1990 deren Anteil an den Gesamtverkäufen auf 47 Prozent abzusenken.

Das ganze Ausmaß dieser Umsatzstruktur zeigt sich erst wenn man in Rechnung stellt, daß die Staatsführung ihr Preisbildungsmonopol ausnutzt, um über ein System von Preisstützungen und Preisaufschlägen die in Geld bewerteten Strukturen zu verschieben.

Für die Preise der Grundnahrungsmittel gelten vorgeblich soziale Gesichtspunkte. Durch Subventionen werden die Ladenpreise künstlich niedrig gehalten, auch wenn sie Verschwendung und Mißbrauch begünstigen und damit Einsparungen erschweren, die, ohne das Lebensniveau zu beeinträchtigen, erreichbar wären. Immer öfter wird an der bekannten Praxis Kritik geübt, Tiere mit subventionierten Lebensmitteln (Brot, Kartoffeln, Haferflocken, Gries) statt mit teurerem Futter zu versorgen.

Alle Subventionen für Konsumgüterpreise berücksichtigt, beispielsweise auch jene für Kinderbekleidung, die nicht verhindern, daß schlanke oder kleinwüchsige Erwachsene sie sich zunutze machen, dann läge der Umsatzanteil der Nahrungs- und Genußmittel 1986 mit steigender Tendenz sogar bei 56 Prozent. Dies vor dem Hintergrund einer Ernährungssituation, die nach Aussagen von DDR-Fachleuten schon 1980 keinen Anlaß zur Zufriedenheit bot, weil 33 Prozent Energie (einschließlich Alkohol), 54 Prozent Fett, 10 Prozent Eiweiß und Kohlenhydrate zu viel verzehrt wurden und mindestens jeder vierte Erwachsene übergewichtig war.

Die reale Umsatzstruktur unterliegt außerdem einem deformierenden Einfluß über die produktgebundene Abgabe (PA-Satz genannt). Die mit dieser Abgabe verbundenen Preisaufschläge, der Sache nach Steuern auf den privaten Verbrauch, gelten in der Mehrheit für Konsumgüter. In ihrer Gesamtheit überstiegen sie bis 1985 alle Preisstützungen aus dem Staatshaushalt erheblich. Seit 1986 änderte sich nach den amtlichen Angaben die Relation zugunsten der Preisstützungen: Preisaufschläge 43,7 Milliarden Mark, Preisstützungen 47,9 Milliarden Mark. Im Jahre 1987 erreichten die Preisstützungen bereits 49,5 Millarden Mark. Doch die offizielle Berichterstattung verschweigt, daß die 1984 eingeführte Lohnsummensteuer (genannt »Beitrag für gesellschaftliche Fonds«), die damals 21,5 Milliarden Mark einbrachte, inzwischen ein kalkulationsfähiger Preisbestandteil wurde, der sich auch bei den Produkten des privaten Verbrauchs wie ein zusätzlicher Preisaufschlag auswirkt.

Die Preisaufschläge erzielen folgende Wirkungen: Einerseits blähen sie den Konsumgüter-Umsatz nominal auf. Man kann diesen Effekt allein schon dadurch verstärken, daß der Anteil jener mit hohem PA-Satz belasteter Erzeugnisse am Warenangebot wächst. Dafür einige Beispiele:

Im Jahre 1986 kam ein neuer Waschvollautomat aus DDR-Produktion zum Höchstpreis von 3 200 Mark auf den Inlandsmarkt, während das Statistische Jahrbuch seit 1982 nur einen Vollautomaten für 2 300 Mark erwähnt.

Der Geländewagen Lada-Niva erschien zum Preis von 36 000 Mark auf dem DDR-Markt, womit die Preisbehörden das Preisgefüge der übrigen Lada-Modelle (21 000 bis 25 000 Mark) völlig ignorierten.

Andererseits dämpfen die hohen Preisaufschläge teilweise die Nachfrage unter den interessierten Kunden und schränken so den privaten Verbrauch sektoral ein bzw. sie leiten ihn in andere

Kanäle, etwa den Verbrauch von Genußmitteln oder auf Sparkonten.

Die Lebensmittelsubventionen stiegen von 7,8 Milliarden Mark 1980 auf 30,9 Milliarden Mark 1986. Zum Kauf von Grundnahrungsmitteln für 100 Mark steuerte der Staat 1986 rund 85 Mark als Preisstützung bei. Erzeugnisse des Grundbedarfs sind vor allem Brot, Fleisch, Butter, Margarine, Wurst, Milch, Obst und Gemüse, Fisch, Nudeln, Reis, Haferflocken, Zucker und Kartoffeln.

Weil die Wohnbevölkerung zwischen 1980 und 1986 leicht abnahm und Genußmittel von Subventionen ausgeschlossen bleiben, dürfte sich der neueste Subventionsboom nicht aus dem Mehrverbrauch von Nahrungsmitteln erklären. Er ist offensichtlich Ausdruck der Dynamik der Herstellerpreise und einer stürmisch wachsenden Differenz zwischen ihnen und den Ladenpreisen. Da die Zuschüsse die Preisaufschläge 1986 erstmals übertrafen, wird die Finanzierbarkeit dieser Preispolitik immer fragwürdiger. Obwohl die Verantwortlichen in der DDR nur noch als einzige im Ostblock an dieser Subventionsmentalität festhalten, deutet bisher nichts auf eine Abkehr von ihr.

Daß es nicht gelang, den Anteil der Nahrungs- und Genußmittel zugunsten der Verkäufe von Gebrauchsgütern weiter zu senken, liegt eindeutig am unzureichenden Konsumgüterangebot. Trotz erheblicher Preiserhöhungen in letzter Zeit erreichte der Zuwachs des Gebrauchsgüterumsatzes von 1981 bis 1986 mit 9,5 Milliarden Mark nur knapp 71 Prozent des vergleichbaren Zuwachses von 1971 bis 1976. Während damals im Sortimentskomplex »Elektroakustik, Foto, Optik, Fahrzeuge und Schmuck« ein Umsatzzuwachs von 3,3 Milliarden Mark möglich war, lag der vergleichbare Zuwachs zwischen 1981 und 1986 nur bei 1,4 Milliarden Mark.

Stellt man diese Aussage der Mengenentwicklung des Angebots für den privaten Verbrauch gegenüber, beispielsweise dem an PKW, dann bestätigt sich die Feststellung vom ungenügenden Gebrauchsgüterangebot. Konnte die Bevölkerung bereits 1974 und 1975 mehr als 150 000 PKW kaufen, blieben die Vergleichszahlen in den Jahren 1979 bis 1986 immer darunter, obwohl die

Produktionszahlen des DDR-Automobilbaus weit darüber lagen (1986: 217 931 PKW). In der DDR gilt die langfristig gesicherte Erkenntnis, daß beispielsweise bei einer zeitweiligen Verschlechterung des Autoangebotes die dadurch nicht verausgaben Beträge im Prinzip nicht über Nachfrageverlagerungen auf anderen Branchenmärkten umsatzwirksam werden, sondern auf die Sparbücher wandern. Demzufolge hätte es in den letzten Jahren ein auffälliges Ansteigen der Sparquote geben müssen. Dies konnte verhindert werden, weil es der politischen Führung gelang, die bereits erwähnten Kürzungen der Geldeinkommen der Bevölkerung durchzusetzen. Gleichwohl sind die Gefahren nicht gebannt. Die Sparguthaben bei den Geldinstituten wuchsen in letzter Zeit trotz geringer Einkommenssteigerungen am höchsten, allein 1986 um 7,7 Milliarden Mark. Sie erreichten damit 1986 ein Volumen von mehr als 132 Milliarden Mark und übertrafen den vergleichbaren Einzelhandelsumsatz um 12 Prozent, während letzterer im Jahre 1976 die Höhe der privaten Sparguthaben noch um 7 Prozent überragte.

Deshalb ist es nur logisch, wenn DDR-Experten immer wieder darauf verweisen, daß zu den Proportionen der Volkswirtschaft, die die Funktionstüchtigkeit des Systems der Leitung und Planung sowie des Rechnungswesens erheblich beeinflußten, die Proportion von Angebot und Nachfrage der Bevölkerung gehöre, die wiederum mit dem Ausstoß der Konsumgüterproduktion, der Entwicklung der Geldeinkommen und des realen Einzelhandelsumsatzes, unter Berücksichtigung des organisierten und nichtorganisierten Sparens, zusammenhinge.

Andere DDR-Wissenschaftler fordern unter Verweis auf die Rentabilität oder auch eine gesündere Ernährung neue, vor allem teurere Lebensmittel. Da wird beispielsweise die »Leipziger Kräutersalami« vorgestellt. Ihre Zutaten, Gewürze aus einheimischen Kräutern, viel Salz und ständig anfallendes Produktionsfleisch (sprich Speck, Schwarten, Bauch, Köpfe, sonstiger Verschnitt) müßten sie im Vergleich zur echten Thüringer Salami eigentlich billiger machen. Der Preis aber schnellte von bisher 11,90 Mark hoch auf 20,50 Mark. Oder man ersetzt zur Herstellung von Süßtafeln Kondensmilch zu 15 Prozent durch wesentlich billigeres Molkepulver, ohne den Verkaufspreis zu senken. Neuere Bemühungen zielen darauf ab, versuchsweise Virginia-Tabak in der DDR anzubauen bzw. aus einfachen Rot- oder Weißweinen der Ostblockländer und Algeriens in Thüringer Weinkellereien Wermut zu produzieren, um auf entsprechende Originalimporte verzichten zu können.

Einen gewissen Höhepunkt in dieser Reihe stellt die Neuheit »Karvi nach Kaviar-Art« dar. Hierbei handelt es sich um einen Ersatz für Kaviar, der, wie es heißt, von der Frischfischbereitstellung unabhängig mache. Zu diesem Zweck vertropft man in heißem Öl eine wässrige Lösung aus tierischem Protein, Bindemitteln, Geschmacksträgern und Lebensmittelfarbstoffen. Am Ende der Prozedur entstünden gleichmäßige, schwarze Kugeln, angenehm knackig, leicht klebrig und charakteristisch würzig, deren Salzgehalt dem des Malosol-Kaviars entspräche.

Besondere Hinweise gelten in diesem Zusammenhang dem Delikatsortiment, das es auszudehnen und zu erweitern gelte. Es soll das Wachstum des kalorischen Verbrauchs eindämmen, das Qualitätsbewußtsein fördern sowie dem sorglosen oder zweckentfremdeten Umgang mit Lebensmitteln entgegenwirken. Durchgeführte Untersuchungen hätten die Bereitschaft der Verbraucher bestätigt, für Nahrungs- und Genußmittel mit hohem Gebrauchswert höhere Warenpreise zu zahlen. Die Bedeutung des Delikathandels steige, heißt es. Seine Preise auch. Sie liegen zwei- bis dreimal höher als in den normalen Lebensmittelgeschäften. Im Jahre 1978 erzielte der Delikathandel einen Umsatz von 725 Millionen Mark. Bis 1985 stieg er auf 4,5 Milliarden Mark, also um 30 Prozent jährlich. Seitdem gehen die Wachstumsraten zurück. 1987 lag sie bei 7 Prozent, so daß der Delikathandel am Umsatz von Nahrungs- und Genußmitteln mit knapp 9 Prozent beteiligt sein dürfte.

Kurzum: Man setzt auf die »Edelfreßwelle« zu Höchstpreisen, selbstredend begleitet von ernährungsphysiologischen Empfehlungen. Auf diese Weise ließe sich das Produktionsvolumen für den Verbrauch der Bevölkerung in Geld ausgedrückt wesentlich schneller steigern, als die mengenseitige Rohstoffbereitstellung erhöht werden müßte. Und nur darum geht es. Die Verweise auf die gesunde Ernährung sind nicht ernst gemeint. Seit Jahren beklagen sich beispielsweise Diabetiker in der DDR über das unzureichende Backwarensortiment, ohne daß bisher ernstlich Abhilfe geschaffen wurde. Dafür fehlt der Anreiz, denn diese Erzeugnisse bieten wenig Spielraum für Preiserhöhungen. Vergleichbares gilt für den hohen Salzgehalt vieler Wurstwaren. Obwohl sie den Bluthochdruck begünstigen, will keine Wurstfabrik freiwillig kochsalzreduzierte Wurstwaren herstellen, weil sie bei gegebenem Preis und verringertem Wurstmassegewicht nur mit Einbußen zu rechnen hätte.

Umsatzzuwächse mittels Sortimentsverschiebungen werden nicht nur im Nahrungs- und Genußmittelsektor erzielt. Vergleichbares vollzieht sich auch im Exquisithandel, in dessen Geschäften die hochpreisigen Textil-, Bekleidungs- und Kosmetiksortimente verkauft werden. Sein Umsatz sollte von 1,1 Millarden Mark 1980 auf 1,6 Milliarden Mark 1985 steigen und damit Branchenumsatzanteile um 10 Prozent erzielen. Möglicherweise wurde die Zielstellung weit überboten, denn mit diesen Erzeugnissen lassen sich die Preise relativ problemlos manipulieren. Auch in den Exquisitfilialen liegen die Preise zwei- bis dreimal höher als im übrigen Textileinzelhandel.

4. Der Pro-Kopf-Verbrauch an Nahrungsmitteln

Das qualitativ unzureichende Angebot an Gütern für den privaten Verbrauch in der DDR findet seinen Niederschlag im erreichten Konsumtionsstandard. Schon ein Blick auf den Pro-Kopf-Verbrauch an Nahrungsmitteln bestätigt das, obwohl solche Zahlen, wie Schumpeter schon richtig bemängelte, über die Qualität des Konsumierten nichts mitteilen. Außerdem ist immer zu beachten, daß es sich beim Verbrauch nicht, wie manchmal unterstellt, um spezielle Konsumgewohnheiten der Menschen in der DDR, sondern um eine durch das staatliche Angebotsmonopol definierte, um nicht zu sagen deformierte Verbrauchsstruktur handelt. Während beispielsweise fast jedes Land der Welt Obst und Gemüse in die Bundesrepublik Deutschland liefern möchte, und unser Selbstversorgungsgrad bei Obst 57 Prozent und bei Gemüse gar nur 37 Prozent erreicht, von dieser Angebotsvielfalt und -fülle starke bedarfsweckende und -lenkende Impulse ausgehen, findet der Deutsche in der DDR vorwiegend Heimisches auf dem Markt. Es handelt sich ebensowenig um unterschiedliche Verbrauchsgewohnheiten in beiden Teilen Deutschlands, wenn die Bundesdeutschen 1986 im Durchschnitt pro Kopf etwa 30 Liter Fruchtsäfte und Nektare bzw. fast 57 Liter Mineralwässer zu sich nahmen und die DDR-Bewohner nicht in dem Maße, weil es auf ihrem nach außen geschlossenen Binnenmarkt kein entsprechendes Angebot gab. Vergleichbares gilt für den Käse- oder Fischverzehr. Während die Bundesbürger 1986 rund 13 Kilo Fisch und fast 30 Kilo Käse pro Kopf konsumierten, lauten die Vergleichszahlen für die Deutschen in der DDR 7,8 Kilo bzw. 9 Kilo.

Vor allem in letzter Zeit hat sich die Situation in wichtigen Angebotspositionen der DDR erkennbar verschlechtert. Es kann deshalb überhaupt keine Rede davon sein, wie hier zu lesen, daß der Pro-Kopf-Verbrauch solcher Nahrungsmittel gegenwärtig ähnlich hoch wie in der Bundesrepublik Deutschland, jedoch im Sortiment enger sei. Dafür einige Beispiele: Während der Kartoffelverbrauch in der DDR seit 1977 wieder anstieg und 1986 auf den Stand von 1973 zurückfiel, nahm er in unserem Land kontinuierlich ab und liegt heute mit knapp 77 Kilo pro Einwohner um 50 Prozent (!) unter dem im anderen Teil Deutschlands. Auch der Verbrauch von Frischgemüse, was immer die DDR-Statistik darunter abrechnet, entwickelte sich seit 1980 sehr ungleichmäßig und erreichte 1986 ca. 65 Kilo pro Kopf. Er blieb mit Ausnahme von 1985 weit unter den Bestwerten von 1972 und 1973 und noch weiter (um 15 Prozent) hinter den bundesdeutschen Vergleichsergebnissen zurück. Noch kritischer ist die Verbrauchsentwicklung bei Frischobst. Sie ist gegenüber der Bundesrepublik unterentwickelt, denn der Verzehr erreicht nur 40 Prozent des hiesigen Volumens. Während die Bundesdeutschen pro Jahr mindestens so viel Frischobst wie Kartoffeln zu sich nehmen, standen dem DDR-Bewohner 1986 auf 145 Kilo Kartoffeln nur 33 Kilo Frischobst zur Verfügung. Ähnlich unzureichend, im Sinne einer gesunden Ernährung, sieht es mit Südfrüchten aus. Seit 1977 sank der Verbrauch in der DDR von 20,7 Kilo auf den bisherigen Tiefpunkt von 10,8 Kilo 1984. Im Jahre

1986 übertraf der bundesdeutsche Vergleichswert mit 29,6 Kilo das entsprechende Resultat in der DDR um 83 Prozent. Tatsächlich ist der Abstand noch größer, denn die DDR-Statistik subsumiert unter Südfrüchten noch Südfruchtsäfte, Nüsse und Nußkerne.

Auffällig verschieden ist auch der Konsum harter Alkoholika. Auf reinen Alkohol umgerechnet und ungeachtet der Intershopkäufe und sonstigen Westgeschenke stieg der Pro-Kopf-Verbrauch in der DDR von 1,4 Liter (1955) auf 4,9 Liter (1986). Das ist ein europäischer Spitzenwert, der nicht ohne Folgen bleibt. In den DDR-Kliniken werden jährlich etwa 12 000 Alkoholvergiftungsfälle behandelt. DDR-Experten rechnen mit jährlich über 1000 Vergiftungstoten. Zahlreiche Alkoholiker-Tageskliniken wurden eingerichtet. Inzwischen wird dieser besorgniserregende Alkoholkonsum auch außerhalb medizinischer Fachkreise zum Thema. Seit Jahren steigt nicht nur die Zahl alkoholbedingter Krankenhauseinweisungen, sondern auch die der Verkehrsdelikte und sonstiger Straftaten. Man spricht von 10 Prozent der Bevölkerung, darunter Frauen, Kinder und Jugendliche, die Alkoholmißbrauch betreiben. Andererseits: Kein anderes Lebensmittelangebot ist so reichhaltig und vielfältig, wie eben das dieser hochprozentigen Wässerchen. An diesen »geheimen Verführern« besteht wahrlich kein Mangel in der DDR.

In der Bundesrepublik Deutschland, wo der vergleichbare Verbrauch von reinem Branntwein seit 1965 zwischen 2,5 bis 3,1 Liter pro Einwohner schwankte, erreichte er 1986 2,3 Liter. Trotzdem sind Alkoholmißbrauch und -abhängigkeit auch hier mit Abstand das Suchtproblem Nummer eins. Rund 3,5 Millionen Menschen (6 Prozent der Bevölkerung) sind alkoholgefährdet. Die Zahl der behandlungsbedürftigen Fälle schwankt zwischen 1,5 bis 1,8 Millionen. Wenig tröstlich, daß es sich bei der Mehrzahl heute nicht um Elends-, sondern um Wohlstandsalkoholismus handelt.

Zweifellos zeigen sich in der Ernährung der DDR-Bevölkerung zugleich die systemimmanenten Schwächen. Das Nahrungs- und Genußmittelangebot offenbart nach Umfang, Struktur, Vielfalt und Qualität im Vergleich zur Bundesrepublik Deutschland empfindliche Lücken. Die Menschen in der DDR essen noch immer zu viel, zu süß, zu fett und/oder zu salzig. Zu 46 Prozent decken Fette, überwiegend tierische, den täglichen Energiebedarf. Es sollten aber nur 30 Prozent sein. Obwohl die DDR-Ernährungswissenschaftler bereits vor zehn Jahren Alarm schlugen, ist keine Besserung in Sicht. Im Jahre 1985 trugen zur Überernährung bei: 57 Prozent Fette, 16 Prozent Eiweiße und 12 Prozent Kohlenhydrate. Übergewichtig sind nun schon 40 Prozent aller Frauen und 20 Prozent aller Männer. DDR-Prognosen für das Jahr 2000 bringen die Befürchtung zum Ausdruck, daß sich die Überernährung insbesondere bei Fetten noch weiter steigert.

5. Die Haushaltausstattung mit Konsumgütern

Auch die Ausstattung der DDR-Haushalte mit langlebigen Gebrauchsgütern macht die Beschränkungen im Warenangebot für den privaten Verbrauch sichtbar. Die amtliche statistische Berichterstattung der DDR stellt aus diesem Grunde auch kaum verwertbare Informationen bereit. Greift man auf interne Unterlagen zurück, so etwa die Prognosen des Instituts für Marktforschung Leipzig über die Ausstattung der DDR-Haushalte mit Konsumgütern, dann erkennt man den Optimismus, mit dem diese Regierungsbehörde Anfang der siebziger Jahre die künftige Verbrauchsentwicklung beurteilte. Einerseits gelang es nicht, die Vorhersagewerte zu realisieren. Andererseits gibt es für einige Erzeugnisse, so für Geschirrspülautomaten und Wäschetrockner, überhaupt noch kein Angebot, obwohl die DDR-Haushalte damit bis 1990 zu 50 bzw. 85 Prozent versorgt sein sollten. Unter Berücksichtigung der ausgeprägten Berufstätigkeit der Frauen eine wünschbare Sache. Doch die Konsumgüterpolitik der DDR-Verantwortlichen setzte andere Schwerpunkte. In der Bundesrepublik Deutschland besaß 1986 fast jeder dritte Haushalt einen Geschirrspüler und jeder sechste einen Wäschetrockner.
Die Gegenüberstellung mit dem Ausstattungsbestand in bundesdeutschen Haushalten macht zweierlei deutlich: Erstens den Rückstand, den die DDR-Haushalte bei begrifflich vergleich-

baren Produkten haben. Er ist bemerkenswert groß und im Durchschnitt mit 13 bis 17 Jahren zu veranschlagen. Allerdings: Geradezu uneinholbar erscheint der Rückstand bei privaten Telefonen. Hier erreicht die DDR im Jahre 1986 einen Ausstattungsgrad von 14 Prozent, in Ostberlin allerdings 39 Prozent, während bereits 89 Prozent aller Rentnerhaushalte der Bundesrepublik (1986) ein Telefon besaßen. Diese Versäumnisse wiegen in der DDR um so schwerer, als es auch nur 37 800 öffentliche Fernsprechstellen gibt (440 Einwohner pro Anschluß) und zukunftsträchtige, private Kommunikationstechnik mehr und mehr ein engmaschiges, funktionssicheres Telefon- und Datennetz erfordert. Demgegenüber hat die Bundespost bereits 30 Prozent aller Haushalte ihr neues Breitbandkabel vor die Tür gelegt und mehr als 10 Prozent ließen sich bisher an dieses Netz anschließen. Bis Mitte der neunziger Jahre soll in der Bundesrepublik flächendeckend der Aufbau eines digitalen Kommunikationsnetzes (ISDN) abgeschlossen sein, nachdem die Bundespost 1987 die erste Vermittlungsstelle auf ISDN-Basis installierte. In der DDR rechnet man mit »mehreren Fünfjahrplänen«, um diese kostenintensive Entwicklung nachzuvollziehen.

Zweitens fällt auf, mit welcher Geschwindigkeit in den letzten Jahren völlig neue Produkte in bundesdeutsche Haushalte Einzug hielten, während in normalen DDR-Geschäften dafür noch gar kein quantifizierbares Angebot vorliegt (z.B. Videotechnik, Heimcomputer, Telespiele, Elektroherde mit Keramikkochfeldern, Radiowecker, Mikrowellenherde) oder auch gar keins geplant ist.

Welche Schwierigkeiten es bereitet, aus den amtlichen Zeitreihen über die wachsende Haushaltausstattung auf den Stand des privaten Verbrauchs zu schließen, soll, auch im Interesse der Verifizierung innerdeutscher Vergleiche, am Beispiel der Haushaltausstattung mit elektrischen Waschmaschinen demonstriert werden. Der Trend zur halb- oder gar vollautomatischen Waschmaschine setzte in der DDR 1974 ein. Im Jahre 1980 besaßen rund 84 Prozent aller Haushalte eine elektrische Waschmaschine, aber nur knapp 6 Prozent einen Vollautomaten, während mehr als die Hälfte sehr einfache Technik benutzte. Bis 1987 stieg der

Ausstattungsgrad zwar auf 97 Prozent, doch über deren technisches Niveau fehlen jegliche Angaben.
Bundesdeutsche Rentnerhaushalte verfügten1986 zu 76 Prozent über einen Waschvollautomaten.
Ähnlich verschwommen behandelt die offizielle DDR-Statistik die Sozialstruktur des privaten Verbrauchs. Man erfährt nur, daß 1987 beispielsweise rund 46 Prozent aller Haushalte einen Farbfernseher und gut 50 Prozent einen PKW besaßen. Mögliche Unterschiede innerhalb sozialer Gruppen kommen nicht zur Sprache. Aus einer internen Studie von 1980 zu diesen beiden Erzeugnissen geht hervor, daß der Ausstattungsbestand der Arbeitnehmerhaushalte mit den durchschnittlichen Ausstattungszahlen ziemlich genau übereinstimmte, besser Verdienende aber diese preisintensiven Erzeugnisse stark überproportional und Rentnerhaushalte stark unterproportional anschaffen können.
Aus dem Jahre 1987 datiert der Hinweis, daß 5 Prozent aller Rentnerhaushalte einen PKW besitzen. Verglichen mit der Bundesrepublik dürfte erwähnenswert sein, daß Arbeitnehmerhaushalte 1986 zu 86 Prozent über einen Farbfernseher (Rentnerhaushalte zu 77 Prozent) und zu 93 Prozent über einen PKW (Rentnerhaushalte zu 31 Prozent) verfügten.
Schließlich noch der Versuch, am Beispiel von PKWs das amtlich vermeldete Ausstattungsniveau der DDR-Haushalte auf seine Altersstruktur zu untersuchen, um daraus Rückschlüsse auf den erreichten Standard des privaten Verbrauchs zu ziehen. Nach offizieller Verlautbarung waren 1986 in der DDR rund 3,5 Millionen PKWs zugelassen, von denen sich der überwiegende Teil in Privathand befindet. Aus diesen Angaben errechnet sich ein PKW-Bestand von 208 pro 1 000 Einwohner. In der Bundesrepublik Deutschland waren zur gleichen Zeit rund 26 Millionen PKWs angemeldet, was einem PKW-Bestand von 428 pro 1 000 Einwohner gleichkommt. Statistisch benutzt jeder bundesdeutsche Haushalt mindestens ein Auto.
Um das Durchschnittsalter der DDR-Autos zu ermitteln, sind die möglichen Bezugsquellen zu untersuchen. Als unbedeutend werden vernachlässigt die über GENEX und Intershops oder aus anderen Quellen eingeführten Privatfahrzeuge sowie die von Be-

trieben und öffentlichen Einrichtungen gekauften Gebrauchtwagen.

Die maßgebliche Quelle für den PKW-Erwerb bildet das inländische Angebot, das unter den spezifischen Bedingungen der DDR (Verkäufermarkt) mit dem Inlandsverbrauch nahezu identisch ist. Letzterer errechnet sich aus der einheimischen PKW-Produktion, vermindert um die PKW-Ausfuhren und erweitert um die entsprechenden Einfuhren. Der absolut höchste Inlandsverbrauch fiel in das Jahr 1976 (177 721 PKWs). Bis 1983 ging er laufend zurück (125 773 PKWs) und 1986 erreichte er 171 350 PKWs. In der Bundesrepublik wurden 1986 2,83 Millionen PKWs neu zugelassen.

Unterstellt, die offiziellen Angaben der DDR über den PKW-Bestand beziehen sich nur auf noch verwendete Fahrzeuge, dann müßten, um auf den Gesamtbestand von 3,5 Millionen zu gelangen, alle seit 1959 verkauften PKWs noch im Einsatz sein. Daraus errechnet sich für 1987 folgende PKW-Altersstruktur:

bis 5 Jahre : 22 Prozent
6 bis 10 Jahre : 23 Prozent
11 bis 15 Jahre : 23 Prozent
16 bis 20 Jahre : 16 Prozent
21 bis 25 Jahre : 10 Prozent
über 25 Jahre : 6 Prozent

Da der durchschnittliche Inlandsverbrauch seit 1975 jährlich bei 160 000 PKWs lag, müßte jedes Auto, falls alle Neuwagen nur zum Ersatz von gebrauchten dienten, rund 22 Jahre gefahren werden (in der Bundesrepublik Deutschland knapp zehn Jahre). Doch diese Rechnung geht nicht auf. Die Verkäufe in der DDR decken vor allem den Neubedarf. Deshalb stieg der Ausstattungsbestand der Haushalte von gut 26 Prozent (1975) auf über 50 Prozent. Damit setzte sich eine Entwicklung fort, die DDR-Experten bereits vor zehn Jahren kritisch begleiteten: Der Anteil der Neufahrzeuge, die zum Ersatz veralteter verwendet werden, war und ist zu gering. Die tatsächliche Lebensdauer der Autos liegt weit über der technisch zulässigen. Rostlauben und Schrottfahrzeuge werden immer wieder mit großem Handarbeitsaufwand aufgemöbelt. Da in letzter Zeit im Mittel pro Jahr nur etwa 10 Prozent aller Neuwagen dem Ersatz veralteter dienten, hält absehbar der Trend zur Überalterung des PKW-Bestandes an. Auch dann, wenn die PKW-Jahresproduktion bis 1990 auf über 250 000 Einheiten steigen sollte. Denn in der DDR ist der Erstbedarf noch lange nicht befriedigt. Man erwartet erst ab einem PKW-Bestand von 4,9 Millionen Sättigungserscheinungen. Die Lieferfristen sind für hiesige Verhältnisse unvorstellbar lang. Sie betragen im Durchschnitt in Ostberlin je nach Typ zwischen zehn und dreizehn Jahre, während auf dem Land zwischen Anmeldung und Beliefern sogar dreizehn bis sechzehn Jahre vergehen. Deshalb fahren auf den Straßen der DDR weiterhin wachsende Mengen Autos, die über 25 Jahre alt und nach der Definition des dortigen ADMV als »Oldtimer« einzustufen sind. Die Konsequenzen sind unübersehbar. Der ohnehin unterentwickelte Servicebereich ist überlastet. Die Schattenwirtschaft blüht. Viele PKW-Reparaturbetriebe mußten sich verpflichten, zur Zwei- und Dreischichtarbeit überzugehen. Außerdem hat das Politbüro der SED 1985 verfügt, die zum Teil sehr guten Werkstattkapazitäten in Betrieben und Einrichtungen auch zur Instandsetzung und vorbeugenden Instandhaltung der PKWs und Motorräder hauptsächlich ihrer eigenen Belegschaft zu nutzen.

Mit diesen Maßnahmen ist dem eigentlichen Übel nicht beizukommen. Man kuriert nur an den Symptomen. Allein die Ersatzteilversorgung dieser überalterten Technik verursacht Kosten, die weit über dem volkswirtschaftlich Vertretbaren liegen. Von den Auswirkungen auf die allgemeine Verkehrssicherheit und die Umwelt ganz zu schweigen. Und Alternativen, etwa in Form eines attraktiven öffentlichen Personenverkehrs, sind noch viel weniger in Sicht.

Ähnlich unbefriedigend ist der Stand des privaten Verbrauchs auch anderswo. Bei Waschmaschinen beispielsweise weist in der DDR der Anteil der ältesten (18 Jahre und mehr) und mittleren (10 bis 18 Jahre) seit Anfang der siebziger Jahre steigende Tendenz auf. Trotzdem setzen die politisch Verantwortlichen nicht auf den schnellen Ersatz dieser Altbestände, was durch entsprechende Preise zu bewirken wäre. Sie haben vielmehr, wie für andere langlebige Konsumgüter auch, aufgrund volkswirtschaftlicher Erfordernisse, wie es heißt, deren normative Nutzungs-

zeit verlängert. Für Waschmaschinen beträgt sie jetzt nicht mehr 10, sondern 18 Jahre. Die Folge: Die gesetzlich vorgeschriebenen Ersatzteilhaltefristen mußten entsprechend angepaßt werden. Damit entsteht folgender Widerspruch:
Einerseits sind die Konsumgüterproduzenten verpflichtet, ihr Erzeugnisprogramm jährlich zu 40 Prozent zu erneuern. Andererseits soll die Bevölkerung technische Konsumgüter länger nutzen. Für die Service- und Ersatzteilsicherung erwachsen daraus Aufgaben, denen nur mit zusätzlichem Aufwand, so zur Produktion und Lagerung des sich diversifizierenden Ersatzteilsortiments, nachzukommen ist. Außerdem haben ältere elektrotechnische oder elektronische Geräte in aller Regel einen höheren Energieverbrauch oder sie verursachen, wie im Falle von Waschmaschinen, durch höhere Waschmittelkonzentration und/oder überhöhten Wasserverbrauch größere Umweltbelastungen. In die gleiche kosten- und zeitaufwendige Richtung weisen Bemühungen, gebrauchte Bauteile zu regenerieren, beispielsweise mehr als sechzig Baugruppen für die Rundfunk- und Fernsehtechnik, vom UKW-Tuner über das Magnet-Abtastsystem bis zur Bildröhre für Schwarzweiß-Fernseher. Was sich durch Wiederverwenden der Bauteile an Material einsparen läßt, dürfte in keinem Verhältnis zu den Nachteilen des Konservierens veralteter technischer Prinzipien stehen. Ganz zu schweigen von dem Phänomen, daß in der DDR nach wie vor Bedarf am Ersatz solcher Baugruppen (etwa Bildröhren für private Schwarzweiß-Fernseher) besteht.
Zugleich häufen sich die Klagen über die mangelhafte Verarbeitungsgüte neuer technischer Konsumgüter. Zu viele von ihnen überstehen die Garantiezeit nicht ohne Reklamationen. In allen diesen Fällen aber wachsen die Leistungsanforderungen an den Dienstleistungssektor, der bisher schon größte Schwierigkeiten hatte, die Ansprüche der Bevölkerung zu erfüllen. Der Selbsthilfe wie der Schattenwirtschaft verleiht das starken Auftrieb. Die Verbraucher hingegen dürften solche Zustände kaum zu besonderen Leistungen an ihrem Arbeitsplatz beflügeln.

6. Gesamtbewertung

Am privaten Verbrauch allein sind die Resultate des Wirtschaftens nicht schlüssig zu beurteilen. Dessen ungeachtet kommt ihm eine zentrale Bedeutung zu, schon deshalb, weil er in sehr direkter Beziehung zur Befriedigung der Grundbedürfnisse steht.

Gemessen daran vermittelt die DDR-amtliche Informationslage genau den gegenteiligen Eindruck. Deren offizielle Aussagen über die allgemeine Industrieproduktion und deren Produktionsbedingungen sind bei aller Einschränkung wesentlich detaillierter und auch inhaltsträchtiger als jenes, was über den Verbleib des Produzierten mitgeteilt wird. Besonders zurückhaltend geben sich die Hinweise über den privaten Verbrauch, obwohl doch gerade ihm alle Betroffenen großes Interesse entgegenbringen. Der Schluß liegt nahe, dieser Informationspolitik Absicht zu unterstellen.

In der Tat: So schwer es auch fällt, Verifizierbares über den privaten Verbrauch in der DDR zu erarbeiten, reichen die eingeschränkten Einsichten doch aus, um die Diskrepanz zwischen seiner Entwicklung und den allgemeinen Erfolgsmeldungen aus dem Wirtschaftsleben zu erkennen. Das gilt insbesondere für die Jahre seit 1978. Gerade im privaten Verbrauch werden die wirtschaftspolitischen Unterschiede zwischen der verkehrs- und wettbewerbsorientierten Marktwirtschaft der Bundesrepublik Deutschland und der nach außen streng abgeriegelten Zentralverwaltungswirtschaft sowjetischen Typs der DDR anschaulich sichtbar. Nicht nur, daß die politische Führung der DDR nach eigenem Ermessen entscheidet, welcher Anteil am Sozialprodukt den Arbeitnehmern zusteht, weil man Streiks oder Tariflohnverhandlungen aus machtpolitischem Interesse nicht zuläßt. Als Herrscher über den monopolisierten Verbrauchermarkt reglementiert die Führung ebenso, welche Waren zu welchen Preisen in welcher Qualität und Menge zum Kauf angeboten werden dürfen. Dies schließt zugleich ein, den Verbrauchern wiederum aus machtpolitischem Interesse in einem Maß Verzicht zu verordnen, das in keinem Verhältnis zu deren Mitsprache-, geschweige Vetorecht über volkswirtschaftliche Belange steht. Die

auf diese Weise erzwungenen Opfer zeigen sich unter anderem in
— der Konsumgüterpolitik, die sich statt am Bedarf der Bevölkerung an einheimischen Rohstoffen, der Ablösung von Importen sowie an Beschränkungen orientiert, wie sie beispielsweise die Größe der Neubauwohnungen oder das Elektroenergieangebot auferlegen, und deshalb der allgemeinen Verbreitung von Mikrowellenherden, Geschirrspülern, Wäschetrocknern, elektrischen Durchlauferhitzern oder Personalcomputern entgegensteht;
— der Preispolitik, die offiziell mindestens seit siebzehn Jahren einen »parteimäßigen Kampf« gegen Preiserhöhungen und Qualitätsverschlechterungen verspricht und laut Honeckers Zeit-Interview vom Januar 1986 noch immer 80 Prozent aller Warenpreise konstant und nur für die »restlichen« 20 Prozent Marktbedingungen gelten läßt, weil dies unverzichtbar zum Klima der sozialen Sicherheit und Geborgenheit gehöre und eine wesentliche Errungenschaft des realen Sozialismus in der DDR darstelle, inoffiziell jedoch über neue Erzeugnisse oder ein verschlechtertes Preis-Leistungs-Verhältnis massiv Preiserhöhungen durchsetzt;
— der Angebotspolitik, die den Konsumgüterhandel in seiner Kapitalausstattung seit Jahren nahezu von der Substanz zehren läßt, ihn seit 1985 obendrein anregt, das produktive Kapital über die normierte Nutzungszeit hinaus einzusetzen, und dem Kunden abverlangt, eine gewisse Beengtheit und mangelhafte Verkaufskultur zugunsten von »deutlich mehr Ware« zu akzeptieren.

Diese »Opfer« bestätigen empirisch, was Walter Eucken bereits vor Jahrzehnten in seinen »Grundlagen zur Nationalökonomie« niederschrieb: Die Pläne der konsumierenden Menschen haben auf den Wirtschaftsprozeß um so weniger Einfluß, je totaler die Zentralverwaltungswirtschaft entfaltet ist.

Es sind nicht nur aber eben auch die im Vergleich zur Bundesrepublik Deutschland den Deutschen in der DDR abverlangten Beschränkungen im privaten Verbrauch, die vermißte Souveränität als Konsument am Markt, die sie sehr stark als Beschneidung ihrer persönlichen Würde und Freiheit, als geistige

Verarmung und Verlust an Lebensqualität empfinden. Das Urteil, das sie unter diesen Umständen über die Resultate real sozialistischen Wirtschaftens fällen, wird von den täglichen Erfahrungen stark geprägt. Zumal es nicht gelang, attraktive, alternative Konzepte zum privaten Verbrauch westlicher Provenienz zu entwickeln und umzusetzen. Statt dessen bewegt man sich heute auf einem Niveau, das statistisch dem der Bundesrepublik Deutschland Anfang der siebziger Jahre nahekommt.

VII. Ausblick

Die Resultate der DDR-Wirtschaft der vergangenen Jahrzehnte an den für die Lebensqualität maßgeblichen Kriterien gespiegelt und mit den Verhältnissen in diesem Teil Deutschlands verglichen, legen folgenden Schluß nahe:
Der Mauerbau und die beinahe totale Machtentfaltung der SED mittels der Zentralverwaltungswirtschaft sowjetischen Typs konnten den deutsch-deutschen Unterschied im allgemeinen Lebensstandard nicht einebnen. Obwohl sich zwischen 1970 und 1987 das produzierte Nationaleinkommen der DDR, zu Preisen von 1985 amtlich bewertet, um mehr als 115 Prozent vergrößerte, während das bedingt vergleichbare Sozialprodukt der Bundesrepublik lediglich um 30 Prozent wuchs, ermöglicht letztere ihren mehr als 61 Millionen Bürgern heute ein Lebensniveau, das zu erreichen für die kaum 17 Millionen Deutschen in der DDR in weite Ferne rückt. Erschien es 1958 Walter Ulbricht und seinen Genossen bei offener Grenze noch einigermaßen realistisch, die Bundesrepublik Anfang der sechziger Jahre auf entscheidenden Gebieten der Produktion und des Lebensstandards einholen und teilweise auch überholen zu wollen, wären ähnliche Ansinnen heute, dreißig Jahre später, völlig weltfremd. So gesehen, erwies sich der Mauerbau als kontraproduktiv. Er trug nicht dazu bei, wie hier und da erwartet oder erhofft, die Wettbewerbsfähigkeit und Anziehungskraft der mitteldeutschen Wirklichkeit gegenüber der Bundesrepublik Deutschland anzuheben. Eher im Gegenteil: Obwohl die DDR nach eigenen Angaben zwischen 1951 und 1961 infolge der Fluchtbewegung von Ost nach West einen volkswirtschaftlichen Verlust von 128 Milliarden Mark (112 Milliarden für Produk-

tionsausfälle, 16 Milliarden für Ausbildungskosten) verkraften mußte, was real etwa dem Zehnfachen der gesamten volkswirtschaftlichen Investitionsleistungen des Jahres 1958 entsprach, hat sich nach der Mauer, frei von solchen Unwägbarkeiten, der Abstand zur Lebensqualität der Deutschen hier, wie gezeigt, weiter vergrößert. Der Abbau des deutsch-deutschen Wirtschaftsgefälles ist nicht in Sicht, obwohl weder außergewöhnliche noch spezielle wirtschaftliche Erschwernisse auftraten, zumal in der Ära Honecker, wie folgende Hinweise belegen:

● Seit 1970 stieg in der DDR die Zahl der amtlich ausgewiesenen Beschäftigten um 10 Prozent, die der weiblichen sogar um 12 Prozent. Da die mittlere Wohnbevölkerung gleichzeitig um knapp 3 Prozent schrumpfte, die Zahl der Altersrentner sogar um 12 Prozent, Arbeitslosigkeit aber nicht vorkam, hat die DDR statistisch gesehen eine Erwerbsquote, von der westliche Finanzminister und andere Politiker nur träumen können. Während nach amtlichen Angaben 1970 von 100 Beschäftigten weitere 119 Einwohner (Kinder, Studenten, Lehrlinge, Rentner, nicht Berufstätige) ernährt werden mußten, sank deren Zahl bis 1986 auf 94.

● Honecker führte der DDR-Volkswirtschaft in bis dahin völlig unüblichem Umfang westliche Technik und sonstige Erzeugnisse zu. Zwischen 1971 und 1981 stiegen zu diesem Zweck die staatlichen Nettobezüge aus Hartwährungsländern im Umfang von 35 Milliarden VM. Beispielsweise lieferte die bundesdeutsche Wirtschaft zwischen 1975 und 1983 sechzehn große Industrieanlagen für knapp 3 Millarden DM.

● Mit dem Abschluß des Grundlagenvertrages vor 16 Jahren verbesserte sich das Klima für den DM-Transfer in die DDR-Staatskasse entscheidend. Allein aus dem Bundeshaushalt und den übrigen öffentlichen Haushalten dürften bis 1987 rund 14 Milliarden DM geflossen sein, Zahlungen von privater Seite für den Mindestumtausch und Visagebühren (rund 0,5 Milliarden DM jährlich) ebensowenig mitgerechnet wie die Erträge aus den Umsätzen der Intertankstellen, Intershops, den 33 Interhotels und dem GENEX-Geschenkdienst (etwa 1,5 bis 2 Milliarden DM jährlich).

● Die mitteldeutsche Volkswirtschaft zog bis 1983 erheblichen Nutzen daraus, daß sie ihren Erdölbedarf überwiegend mit sowjetischem Erdöl zu niedrigen Rubelpreisen decken konnte, während sich der Westen seit 1973 mit den Wechselbädern des OPEC-Kartells auseinandersetzen mußte. Die Bezugspreise der DDR erreichten im günstigsten Fall gut ein Viertel (1974) bzw. 44 Prozent (1980) des vergleichbaren OPEC-Preises.
Wenn trotz dieser, die Honecker-Zeit vielfältig begünstigenden Bedingungen der Abstand zum Leben in der Bundesrepublik Deutschland nicht ab-, sondern nach einhelligem Urteil hiesiger Experten sogar noch zunahm, woran hat es gelegen?
Nicht daran, daß die DDR-Wirtschaft völlig erfolglos agierte. Doch ihre meßbaren Fortschritte, wie übrigens auch die der Sowjetunion, relativieren sich im Licht des außerordentlichen Tempos, das die westliche Welt vorlegt und das in den letzten Jahren sogar noch zunahm. Der weitgehend offene Wettbewerb zwischen Westeuropa, den USA und dem Fernen Osten setzt Dank des Einfallsreichtums und der Risikobereitschaft unzähliger Unternehmer und deren Belegschaften, die sich ohne staatlichen Schutz den Märkten stellen, was mögliche Fehlschläge und Arbeitslosigkeit nicht auszuschließen vermag, bemerkenswerte Schubkräfte frei.
Bisher konnte die bundesdeutsche Gesellschaft als Ganzes im Kreis der weltweiten Konkurrenten ihren Platz behaupten. Das muß ihrer politischen Führung auch in Zukunft gelingen, um das Erreichte trotz erkennbarer Strukturschwächen (Landwirtschaft, Kohle, Stahl, Schiffbau) und neuer Bewährungsfelder (Massenarbeitslosigkeit, Umweltschutz) zu erhalten. Dazu setzen wir auf eine weitgehend marktwirtschaftlich geführte Wirtschaftsordnung und die Bereitschaft jedes einzelnen, nach Maßgabe seiner Möglichkeiten seinen Beitrag einzubringen. Das soziale Netz der Marktwirtschaft will eben diese Leistungshaltung beflügeln und gleichzeitig jedem Mitbürger die Gewißheit nationaler Solidarität geben. Marktsteuerung und Wettbewerb soviel als möglich, lautet die wirtschaftspolitische Devise.
Die DDR-Führung verfolgt bisher eine andere Politik. Im Bunde mit der sowjetischen versucht sie, gegen den Willen der Mehrheit der eigenen Bevölkerung und entgegen den Überzeugungen

der westlichen Welt, wo Kommunisten keine demokratischen Wahlen gewinnen können, das idealistische, weltfremde, abendländischer Kultur widersprechende Konzept des Kommunismus durchzusetzen. Mit Hilfe der SMAD 1946 an die Macht gelangt, führt die SED einen wirtschaftlich aufwendigen Mehrfrontenkampf. Sie muß sich erstens gegen die eigene Bevölkerung schützen, eine Diktatur nach innen errichten, den Klassenkampf zu Hause führen. Das schließt die politische Vormundschaft über die Wirtschaft in der hier ausführlich beschriebenen Weise ein. Heißt aber zugleich, zum Nutzen des eigenen Machtmonopols auf wichtiges Leistungspotential der Gesellschaft zu verzichten. Die Ausreisenden und Ausgebürgerten verkörpern nur die Spitze des Eisbergs.

Sie muß sich zweitens gegenüber den alternativen westlichen Staaten und Volkswirtschaften abgrenzen, der offenen internationalen Arbeitsteilung und dem weltweiten Leistungsvergleich aus dem Weg gehen, obwohl sie deren Vorteile zu schätzen weiß und eben deshalb selektiv Spitzenkräfte des Sports, der Künste und der Wissenschaft in die Welt hinausschickt. In der Wirtschaft tut die SED-Führung ähnliches nicht, weil sie befürchtet, die politische Herrschaft über die eigene Volkswirtschaft und damit ihre existentielle Basis zu verlieren, entmachtet zu werden.

Drittens muß sie, dem sogenannten proletarischen Internationalismus verpflichtet, das kommunistische Weltlager stützen. Ihm droht heute wieder, wie Anfang der dreißiger Jahre unter Stalin der Absturz in die geschichtliche Bedeutungslosigkeit. Von Gorbatschow bis zum ehemaligen sowjetischen Botschafter in Bonn, Valentin Falin, wird das indirekt mit der Bemerkung bestätigt, zum Reformkurs der Sowjetunion gäbe es keine friedliche Alternative.

Die kapitalistische (marktwirtschaftliche) Welt beschleunigt die Arbeitsproduktivität mit unerwarteter Geschwindigkeit, zerfleischt sich nicht gegenseitig, wie der »Schwarze Montag« vom 19. Oktober 1987 bzw. der Brüsseler EG-Gipfel vom 12. und 13. Februar 1988 eindrucksvoll bestätigten, zeigt nicht die Schwächen, macht nicht die kapitalen Fehler, die die orthodoxe

Lehre des Marxismus-Leninismus in Aussicht stellt. Leichte Beute steht dem internationalen Kommunismus nicht ins Haus. Im Gegenteil: Seine Vertreter sprechen heute sogar von einem schonungslosen, internationalen Wettstreit, vom Klassenkampf auf dem Feld der Ökonomie, den es für unabsehbare Zeit zu führen gelte.

Da mit dem realsozialistischen Gesellschaftsmodell international kaum Aufmerksamkeit zu erzielen und kein Einfluß auf die Welt mehr zu gewinnen ist, müssen umfangreiche wirtschaftliche Mittel und Kräfte aufgewendet werden, um auch außerhalb des eigenen Machtbereichs den Kreis der Gleichgesinnten zu erhalten, wenn möglich zu vergrößern.

Stalin kam damals, in vergleichbarer Bedrängnis, so paradox das klingen mag, der Zweite Weltkrieg zu Hilfe. Nur mit Waffengewalt gründete und stabilisierte er das sogenannte sozialistische Weltsystem. Wenn die internationale Politik seit 1945 wegen des drohenden atomaren Holocaust ohne große Kriege auskommen mußte, schließt das möglicherweise auch künftig den gewaltsamen Export der kommunistischen Revolution aus. Nicht aber alle anderen, weniger heißen Formen brüderlicher Hilfe, solange sie unterhalb der Schmerzgrenze des Westens bleiben. Das kostet Geld. Auf unterschiedlichsten Wegen versucht der internationale Kommunismus seit 1945, dem realsozialistischen Block weitere Kräfte aus Industrie- und Entwicklungsländern zuzuführen. Die COMECON-Mitgliedschaft der Mongolei (1962), Kubas (1972) und Vietnams (1978) sind sichtbare Zeichen dieser Bemühungen. Weitere Länder stehen auf der Warteliste.

Mit anderen Worten: Die systembedingt fehlenden Antriebskräfte und der Vorrang der weltrevolutionären Politik, den die herrschende SED gegen innere und äußere Widerstände durchzusetzen suchte, erklären die wirtschaftliche Lage der DDR-Bewohner. Deren Volkswirtschaft wurde nicht nach den Kriterien weltweiter Wettbewerbsfähigkeit, sondern nach den politischen Erfordernissen des internationalen Klassenkampfes geführt, das Volksvermögen nach eben diesen Maßstäben umverteilt. An der Macht zu bleiben, Wartestellung einzunehmen und auf entscheidende soziale Konflikte im anderen System zu hoffen, wie etwa den sich zuspitzenden Widerspruch zwischen

technischem Fortschritt und Beschäftigung, das waren bisher die Politikschwerpunkte des Realsozialismus gegenüber dem Westen, denen sich die Wirtschaft unterzuordnen hatte.
Längst Geschichte sind die SED-Losungen vom »Überholen ohne einzuholen«, die sogenannte Sprachrohrwissenschaftler wie Heinz-Dieter Haustein mit der Theorie vom Zuwachs des Zuwachses zu begründen suchten. Es geht nur noch ums politische Überleben, ums Durchhalten und Zeitgewinnen. Der Führung ist die wirtschaftliche Unterlegenheit des Realsozialismus gegenüber der marktwirtschaftlichen Wettbewerbsordnung bewußt. Dessen ungeachtet klammert sie sich bisher an überholte Positionen. Notfalls auch, wie kurz vor Weihnachten 1987 am Brandenburger Tor geschehen, indem man die Mauer teilweise erneuert und erhöht. Damit wird aber zugleich deutlich: Getreu dem Leninschen Grundsatz vom Vorrang der Politik über die Ökonomie hängt die wirtschaftliche und sonstige Zukunft der Deutschen in der DDR nicht in erster Linie von »ökonomischen Sachzwängen« oder marginalen Wirtschaftsreformen und noch viel weniger von souveränen Marktkräften, sondern von den Politikschwerpunkten ab, die die SED-Führung setzt. Welche Entwicklungen wären hier denkbar?

1. Festhalten am orthodoxen Marxismus-Leninismus

Unterstellt, es bleibt bei der Doktrin des Marxismus-Leninismus, dem Führungsanspruch der kommunistischen Partei und ihrer Überzeugung, die Welt befände sich seit 1917 gesetzmäßig auf dem Weg vom Kapitalismus zum Kommunismus, vollzöge den Schritt vom Reich der Notwendigkeit zum Reich der Freiheit, wie die offizielle SED-Argumentation noch immer lautet. Dann folgt daraus für die SED-Spitze konsequent auch, die wirtschaftlichen Beziehungen der DDR zur Sowjetunion von der sogenannten Klassenfrage, vom brüderlichen Kampfbündnis herzuleiten und auszugestalten.
Diese Strategie zielt realiter nicht auf den friedlichen Wettstreit der Alternativen. Und hinter dem nebulösen, von Lenin kreirten Schlagwort der friedlichen Koexistenz steckt dann auch nicht

die Anerkenntnis, daß die Geschichte nach allen Seiten offen bleiben und jeder Politiker bereit sein muß, sich dem regierten Volk in Intervallen zur Wahl zu stellen. Friedliche Koexistenz meint dann, alles zu versuchen, um mit nichtkriegerischen Mitteln (ausgenommen Bürgerkrieg) den Sieg des Weltkommunismus doch noch zu ermöglichen, bedeutet Weltrevolution scheibchenweise und auf leisen Sohlen.

Niemand sollte sich leichtfertiger Selbsttäuschung hingeben. Festhalten am Marxismus-Leninismus heißt in letzter Konsequenz festhalten am internationalen Klassenkampf und an der unfreiwilligen Inanspruchnahme der eigenen Bevölkerung für den Systemwettstreit, macht den Schulterschluß der SED mit der Sowjetunion und deren kommunistischer Parteiführung lebensnotwendig.

Schaut man nach den Fakten statt auf Erklärungen, dann liegt das zwischen der DDR und der Sowjetunion im Oktober 1984 vereinbarte und seitdem von Gorbatschow mehrfach präzisierte Programm der Zusammenarbeit in Wissenschaft, Technik und Produktion bis zum Jahr 2000 ganz auf der alten politischen Linie. Es zielt allerdings noch konsequenter als seine Vorgänger darauf ab, beide Volkswirtschaften zu verschmelzen. Folgende inhaltliche Schwerpunkte lassen sich für die DDR-Seite erkennen:

● Verstärkte Warenlieferungen für den Ausbau und die Modernisierung des Industriepotentials der Sowjetunion, für die Realisation des Nahrungsmittelprogramms und eine verbesserte Konsumgüterversorgung. Beispielsweise liefert die DDR zwischen 1986 und 1990 für mehr als 40 Milliarden Mark Maschinen und Anlagen für den Agrar-Industrie-Komplex und Konsumgüter für 33 Milliarden Mark (über 40 Prozent mehr, als zwischen 1981 und 1985).

● Austausch von Forschungsresultaten auf der Grundlage von Direktbeziehungen zwischen Forschungseinrichtungen beider Länder, um den technischen Fortschritt zu beschleunigen (Mikroelektronik, Robotertechnik, Informatik, Gentechnologie, Bionik, Optoelektronik), neue Verfahren zu entwickeln (Chemie, Atomenergie) bzw. alles in allem die technisch-ökonomische Unangreifbarkeit gegenüber Weststaaten zu reduzieren. Zwischen beiden Ländern gab es Ende 1987 insgesamt 33 abgestimmte Zweigprogramme der wissenschaftlich-technischen Zusammenarbeit der Ministerien sowie 170 entsprechende Regierungs- und Ministerabkommen.

● Direkte Kooperation von Industrieunternehmen, um die Standardisierung von Bauteilen und die Austauschbarkeit von Erzeugnissen voranzubringen, wie man das bisher nur bei Ausrüstungen der bewaffneten Kräfte kannte. Außerdem sollen diese Direktkontakte das produktionstechnische Level stärker angleichen sowie der Rationalisierung und Rekonstruktion ganzer Produktionsstätten dienen. Die bis 1987 abgeschlossenen annähernd 120 Vereinbarungen über die Aufnahme von Direktbeziehungen erfaßten rund 40 Prozent der in der DDR-Industrie Beschäftigten.

● Weiterführen der direkten Investitionsbeteiligung in der Sowjetunion. Beispielsweise schaffen am Ausbau des Erdgas- und Erdölverbundsystems der Sowjetunion rund 13 000 Beschäftigte aus DDR-Betrieben, am Aufbau des Bergbau- und Aufbereitungskombinates für Eisenerz in Kriwoi Rog sind 3 000 eingesetzt.

● Weiterer Ausbau der infrastrukturellen Anbindung über ein Geflecht von Pipelines, ein erweitertes Fluglinniennetz, den Stromverbund sowie die Eisenbahnfährverbindung Mukran—Klaipeda.

● Vertiefte Zusammenarbeit auf dem Gebiet der Planung. Bereits im Herbst 1987 beauftragten die beiden Parteiführungen ihre Planungsbehörden, mit der Abstimmung der Volkswirtschaftspläne für 1991 bis 1995 zu beginnen.

Festzuhalten am doktrinären Marxismus-Leninismus bedeutete andererseits, sich gegenüber dem Westen nicht wirklich zu öffnen, weder wirtschaftstheoretisch noch -praktisch. West-Ost-Wirtschaftsbeziehungen blieben die Beziehungen zwischen antagonistischen Lagern, von der Systemauseinandersetzung gezeichnet. Bisher fehlen Anzeichen dafür, daß die offizielle Lehrmeinung in der DDR von dieser Position abrückt. Auch die Jugend wird weiterhin in diesem Geist »erzogen«.

Aus der pragmatischen Sicht der SED-Führung, die seit Jahrzehnten den Westimportdrall ihrer Wirtschaftsfunktionäre nie-

derhält, immer aufs neue Westimportablösungen anmahnt, sich von Westbezügen mehrfach störfrei zu machen suchte, wären Wirtschaftsbeziehungen zum Westen aus zweierlei Gründen trotz allem auch weiterhin nötig und nützlich: Sie böten einerseits Gelegenheit, am technischen Fortschritt, an der Innovationskraft und Investitionsfähigkeit des Westens zu partizipieren. Damit eine durch Lenin begründete Tradition fortsetzend, der, um dem Zusammenbruch zu entgehen, im Zuge der Neuen Ökonomischen Politik (NÖP) westlichen Firmen sogar »Konzessionen« gewährte, damit sie private Unternehmen in der Sowjetunion errichteten, vergleichbar den Joint Ventures heute, die Gorbatschow anbietet. Niemandem sollte es gestattet sein zu vergessen, daß diese Konzessionen weder die junge Sowjetmacht von ihrem politischen Weg abdrängen konnten, noch der Friedenspolitik zum Durchbruch verhalfen. Die »Friedensfahne« folgte dem Kaufmann nicht, wie uns die leidvolle Geschichte lehrt.
Mit solcher Wirtschaftspolitik würde die SED nichts von ihren politischen Grundsätzen aufgeben, keine Essentials auf dem Altar der Ost-West-Kooperation opfern. Sie könnte sich auch weiterhin mit „fremden Federn" schmücken, systemferne Impulse empfangen, den instabilen Kreislauf der Planwirtschaft regelmäßig mit frischem Blut der Marktwirtschaft versehen, mehr Kreativität, Vielfalt und Dynamik vortäuschen, als realsozialistische Volkswirtschaften in ihrer Gesamtheit jemals aus eigenem Antrieb zustande brächten. Je stürmischer der Westen geistig voranschreitet, um so zwingender werden die Westverbindungen für sie, um den Anschluß nicht zu verpassen und chancenlos im Systemwettlauf zurückzufallen. Welche historisch neuartige Konstellation und Umkehrung der Verhältnisse: Stalin hatte 1949 den COMECON als sozialistischen Weltmarkt geschaffen, um sich freizumachen von den unberechenbaren Entwicklungen des Westens und den Klassenkampf aus der sicheren Position weitgehender wirtschaftlicher Autarkie zu führen. Andererseits böten die Ost-West-Beziehungen der SED-Führung auch weiterhin die Gelegenheit, Versuche zu starten, um westliche Geschäftspartner »zu kaufen«, um deren unternehmerische Interessen gegen die Ostpolitik ihrer eigenen Regierungen aus-

zuspielen. Dabei zielt sie der Sache nach darauf ab zu verhindern, daß westliche Regierungen den östlichen Machthabern auch mit den Waffen des Klassenkampfes entgegentreten. Sogenannte einflußreiche, realistisch denkende Wirtschaftskreise im Westen sollen auf diese Weise, wissentlich oder unwissentlich, zur östlichen Lobby in Bonn oder Paris umfunktioniert werden. Privatwirtschaftliche oder andere Interessen sollen verhindern, daß die einseitige Abhängigkeit der östlichen Volkswirtschaften vom Technologietransfer und sonstigem westlichem Leistungspotential mit entsprechend größerer politischer Münze entlohnt werden müßte. Das heißt: Die SED würde auch weiter bemüht sein, den erklärten Klassengegner im Westen als Verbündeten zu gewinnen, ihn im Sinne Leninscher Interpretation als »nützlichen Idioten« zu instrumentalisieren, um die eigene Machtposition zu stützen. Koste es, was es wolle, selbst Kunstwerke, Antiquitäten oder Doktortitel ehrenhalber.

Solche aus SED-Sicht realistisch denkenden Partner würden zu vielen Gelegenheiten die verschärften Bestimmungen des COCOM beklagen und dafür Applaus aus dem Osten ernten, denn sie fragten nicht gleichzeitig, politisch ausgewogen, wie es denn eigentlich um dessen Geheimniskrämerei, Außenhandelsmonopol, Wirtschaftsspionage und Ausfuhrverbote stehe. Diese scheinbar unpolitische Haltung westlicher Wirtschaftskreise hat Tradition. Man erinnere sich, daß die DDR-Ideologen im April 1987 den 65sten Jahrestag des Rapallo-Vertrages Walter Rathenaus als hervorragenden Beweis erfolgreicher Leninscher Außenpolitik werteten, weil er die internationale Position der jungen Sowjetunion erheblich stärkte und die deutsch-sowjetischen Wirtschaftsbeziehungen in Gang brachte. Den Zweiten Weltkrieg jedenfalls, hat er nicht verhindert. Ebensowenig das Vordringen des Bolschewismus nach Westen.

Festzuhalten an den überkommenen Doktrinen bedeutete schließlich, daß die SED sich weiter als kommunistische Klassenkampfpartei begreifen würde und demzufolge auch nach innen, gegenüber Wirtschaft wie Bevölkerung, auf ihrem Machtmonopol bestünde. Außenhandels- und Valutamonopol, Preissetzungsmonopol wie auch die zentralstaatliche Planung mit den Bilanzen stünden vom Grundsatz nicht zur Disposition. Sie sind in der DDR ohnehin Verfassungsgebot. Flexiblere Formen, die verschiedenen Monopole zu realisieren, wären denkbar, sofern sie diesen Rahmen nicht sprengten. Die Mauer bliebe für die SED machtpolitisch unverzichtbar.

Verfolgte die DDR-Führung diesen orthodoxen Weg weiter, nach Lage der Dinge könnte sie es nur einvernehmlich mit der sowjetischen, ihre systeminternen Antriebe wären weitgehend erschöpft. Der innerdeutsche Handel signalisiert das schon seit längerem.

Die Kommunisten in der DDR haben das Modell der Zentralverwaltungswirtschaft sowjetischen Typs mit eiserner Härte und unter den Bedingungen einer unfreiwillig gespaltenen Nation weidlich ausgereizt. Weiter, als es die Erben von Lenin und Stalin wahrscheinlich jemals selbst voranbringen könnten. Doch wesentlich mehr läßt sich auch von deutscher Hand nicht bewirken. Jeder grundsätzlichere Reformansatz in der DDR würde das politische System bedrohen. Hinzu kommt, daß die Opferbereitschaft der Menschen, ihr Idealismus, so er jemals vorhanden war, aufgebraucht ist. Die Betroffenen geben dem System, wie auch das Referendum in Polen zeigte, keine Zukunft mehr. Wahrscheinlich leiden die strebsamen Deutschen in der DDR unter dieser Hoffnungslosigkeit von allen COMECON-Mitgliedern am meisten. Sie haben die Alternative der Mehrheit der Deutschen auf der anderen Seite ständig vor Augen, auch wenn nicht alle Vorstellungen, die sie sich vom Leben in der Bundesrepublik Deutschland machen, zutreffend sind. Wer weiß zu beurteilen, wie viele Pannen und Störungen im Wirtschaftsalltag der DDR dieser Resignation, vielleicht sogar organisiertem Widerstand entspringen? Wer kann ermessen, wie groß die wirtschaftlichen und sozialen Spannungen in der DDR wären, hätte die bundesdeutsche Wirtschaft nicht manche Feuerwehraktion (Steinkohle, Erdöl, Strom) gestartet?

Wie auch immer: Bliebe die politische Führung der DDR per Saldo bei ihrem Anspruch auf proletarischen Internationalismus und Klassenkampf, geriete sie mehr und mehr in Widerspruch zur Interessenlage der Völker in Ost und West. Aus eigener Kraft, einschließlich der des COMECON, dürfte es dann immer schwieriger werden, weiteren Abstand zum Leben der Deutschen

in der Bundesrepublik zu verhindern. Am Tropf der bundesdeutschen Marktwirtschaft und hinter Mauern und Stacheldraht verschanzt, das reicht in Zukunft noch viel weniger zur Problembewältigung, als bisher schon.
Andererseits: Mit der bundesdeutschen Wirtschaft in der Hinterhand, deren jederzeitiger Verfügbarkeit sicher, mit dieser kosten- und devisenlosen »Planreserve« im Rücken, fällt es der SED-Führung möglicherweise sehr viel schwerer, die Dringlichkeit einer im Ansatz neuen Westpolitik zu erkennen, um damit innenpolitisch Spielraum für echte wirtschaftliche Reformen zu schaffen.

2. Die Position zwischen doktrinärem Marxismus-Leninismus und dem neuen Denken

Die Legitimationskrise des Marxismus-Leninismus ist augenfällig. Das hat auch Gorbatschow erkannt. Nicht etwa, wie er wider besseres Wissen behauptet, weil im Westen böswillige Propaganda betrieben würde. Die Hauptgegner des Marxismus-Leninismus sitzen im eigenen Machtbereich, sind unter der betroffenen Bevölkerung zu finden. Je länger sie dem Experiment Realsozialismus ausgesetzt sind, um so stärker empfinden sie die Kluft zwischen Theorie und Praxis. Zunehmend reift auch beim Mann auf der Straße die Einsicht, daß die Theorie nicht stimmt. Es schwindet die Gläubigkeit, die Überzeugung von der historischen Überlegenheit geht verloren, es mehren sich die Zweifel, der Praxis sei mit verbesserten Methoden der Leitung ohne entschiedene Korrekturen an der Theorie noch beizukommen, Resignation macht sich breit. Das Legitimationsdefizit der kommunistischen Führer entpuppt sich zusehends als Theoriedefizit.
Der Marxismus-Leninismus ist keine Wissenschaft, er vermittelt keine wissentschaftlich verifizierbaren Wahrheiten. Dazu zwei Bemerkungen:
Zum einen fragt sich heute jeder damit Befaßte oder davon Betroffene, woher der Sozialismus-Kommunismus, selbst wenn er weltweit verwirklicht wäre, seine Fähigkeit zur effizienten Pro-

blemlösung, seine objektiven Antriebsmomente hernehmen wollte! Wie Karl Marx darauf zu bauen, daß der Mensch aus disziplinierter Einsicht handeln, die Arbeit zum ersten Lebensbedürfnis aller würde, ein im gesellschaftlichen Konsens entworfener Gesamtplan zur Anleitung aller dienen könnte, ist naiv, weltfremd und unsachlich. Es widerspricht auch den praktischen Erfahrungen im Realsozialismus. Weltweiter Kommunismus, von den Verteilungskämpfen zwischen Nord und Süd ganz abgesehen, bedeutete Ressourcenverschwendung, sinkende Produktivität, wachsende Umweltzerstörung, fehlende Motivation und ließe die Menschheit eher in Verzweiflung und Lethargie verfallen, statt ihr die lichte Zukunft zu eröffnen. Im Gegensatz zur offiziellen östlichen Interpretation folgt der Marxismus, soweit er sich dem Sozialismus-Kommunismus zuwendet, idealistischen Grundpositionen. Er überfrachtet den subjektiven Faktor Mensch. Übrig bleiben Beschwörungen, Absichtserklärungen, Träume, das Prinzip Hoffnung wohl, aber keine wissenschaftlich herleitbaren Bewegungsgesetze für dieses Gesellschaftskonzept.

Zum anderen läßt sich die Schlüssigkeit Marxscher Gedankenführung nicht mit dem theoretischen wie praktischen Leninismus beweisen. Der Leninismus ist kein weiterentwickelter, sondern ein in sein direktes Gegenteil verkehrter Marxismus. In diesem Punkt irrte auch Rudolf Bahro.

Erinnert sei nur an Friedrich Engels »Nachwort zu Soziales in Rußland« aus dem Jahre 1894. In Übereinstimmung mit den sozialgeschichtlichen »Naturgesetzen«, die Karl Marx glaubte entdeckt zu haben und die Engels in diesem Aufsatz vehement gegen die voreiligen Absichten der russischen Agrarsozialisten (z.B. N.G. Tschernyschewsky) verteidigte, hätte der Übergang zum Sozialismus nur auf dem höchsten Stadium des Kapitalismus beginnen dürfen. Andernfalls wäre die Logik der dialektischen Beweisführung durchbrochen, die Marxsche Theorie widerlegt, denn das war ihr Kerngedanke.

Rußland aber nahm nach dem Umfang seiner Industrieproduktion 1913 in Europa nur den vierten Rang ein, trotz der Größe dieses Reiches und seines Bevölkerungsreichtums. Nur 4 Millionen Menschen arbeiteten damals in der Industrie. 82 Prozent der Einwohner lebten auf dem Dorf, überwiegend des Schreibens und Lesens unkundig. Noch 1917 beschränkte sich die erwähnenswerte Industrie auf wenige Zentren, wobei ausländisches Kapital stark vertreten war. Sein Anteil betrug im Bergbau 91 Prozent, in der Schwerindustrie 50 Prozent, der Metallverarbeitung 42 Prozent, der Holzverarbeitung 37 Prozent und in der Textilindustrie 28 Prozent.

Lenins Revolution und dem Leninismus liegen keine vom Marxismus herleitbaren Entwicklungsgesetze zugrunde. Lenin, ein pragmatischer Politiker, nutzte die Gunst der Stunde und hoffte darauf, daß sein Beispiel das kulturell und wirtschaftlich hochentwickelte Westeuropa zur Nachahmung anregen könnte, und zwar möglichst schnell. Er sah in dem jungen Sowjetstaat die erste Dampfmaschine, die wohl auch nicht funktioniert haben soll und trotzdem der Dampflokomotive den Weg weltweit bahnte. Lenin übersah dabei, was die ganze Welt wußte: Karl Marx hatte, um im Bild zu bleiben, einen Dieselmotor und keine Dampfmaschine entworfen. Niemand vermochte mit Lenins Prototyp eine Beziehung zu Karl Marx herzustellen.

Im Westen wurde das theoretische wie praktische Legitimationsdefizit des Marxismus-Leninismus umfassend erörtert. Zahlreiche Dissidenten und andere kritische Insider leisteten ihren Beitrag. Besonders erwähnenswert erscheint mir aus verschiedenen Gründen jener von Victor A. Kravchenko, weil er schon 1944 in den USA seine sachkundige Stimme erhob. Heute ist diese Literatur selbst von Spezialisten nicht mehr zu überblicken. Gesagt wurde wohl alles. Wesentliche neue Gedanken sind dem kaum hinzuzufügen.

Die östlichen Machthaber und ihre wissenschaftlichen Multiplikatoren verfolgen diese Diskussion durchaus aufmerksam. Der politische Apparat nimmt zur Kenntnis, was dazu im Westen erscheint. Im Bewußtsein ihrer Lage und der Verantwortung gegenüber der Welt könnten die Kommunisten deshalb zur Einsicht gelangen, daß sich mit dem dogmatischen Marxismus-Leninismus die großen Aufgaben, denen sich die Menschheit gegenübergestellt sieht, nicht lösen lassen. Sie könnten realisieren, daß die Potentialentfaltung des kommunistischen Weltlagers

für einen langwierigen Systemwettlauf mit der freien Welt nicht ausreicht und überdies ein solcher Wettlauf weder notwendig, noch aus der Sicht der Mehrheit der Völker, wünschenswert wäre. Womit wollten die Machthaber im Osten ihr Festhalten am Systemwettstreit auch rechtfertigen? Wären die sozialen Errungenschaften und sonstigen Lebensumstände so überlegen und weltweit erstrebenswert, wie das die Selbstdarstellung zu suggerieren versucht, wozu brauchte sie dann Mauern und die Diktatur der Partei?
Unter der Maßgabe, sich von diesem Systemwettstreit zu verabschieden, verlöre die Sowjetunion ihre Rolle als Zentrum und Mutter des Weltkommunismus. Sie könnte dann, vielleicht vergleichbar mit China, alle Kräfte dem nationalen Fortschritt widmen, wie das Solschenizyn schon einmal Mitte der siebziger Jahre vorschlug. Für Freiheit und Demokratie im Innern, auch in der Wirtschaft, böten sich dann vielfältige Möglichkeiten. Selbst dann, wenn zunächst noch an einigen Grundsätzen des Außenhandelsmonopols festgehalten würde. Der COMECON wäre als wirtschaftliches Instrument internationaler Klassenauseinandersetzung hinfällig, für eine Kooperation mit der EG bestünden gute Aussichten.
Im Ost-West-Verhältnis und umgekehrt entstünden Freiräume, um die Beziehungen zu normalisieren. Davon wäre auch die DDR betroffen. Die SED-Führung könnte sich aus der Wirtschaft zurückziehen. Machtpolitische Direktsteuerung im Interesse des Weltkommunismus entfiele. Das Wirtschaftsleben würde liberalisiert. Reformen und Experimenten stünde nichts im Wege. Betriebliche Effizienz und internationale Wettbewerbsfähigkeit bildeten die Kriterien des Wirtschaftens. Die SED verlöre ihren Charakter als kommunistische Kampfpartei und könnte in einen Wettstreit mit anderen politischen Parteien treten. Parteienpluralismus würde zum Normalfall.
Bisher spricht wenig dafür, daß Gorbatschow solche grundlegenden Veränderungen anstrebt. Der Mängel seines realsozialistischen Modells sich bewußt, trat er die Flucht nach vorn an und erkannte, daß wirtschaftliche Effizienz auf Dauer ohne gesellschaftliche Reformen nicht gelingen kann. Das weiß das russische Volk auch. Aber: Die gesellschaftspolitischen Veränderungen,

die innerstaatliche Demokratie, die dafür nötig wären, setzten tatsächlich neues Denken in der sowjetischen Führung, eine völlig neue Außen- und Sicherheitspolitik voraus. Gorbatschows Erklärungen in Washington zu den individuellen Menschenrechten, zum Herrschaftsanspruch der kommunistischen Partei, zur Berliner Mauer, zur zentralstaatlichen Planung und vielem anderen bestätigen, daß die beabsichtigten Umgestaltungen letztlich darauf abzielen, vor allem mit Unterstützung des Westens den Kommunismus in der Sowjetunion und dessen Einfluß auf den Gang der Dinge in der Welt zu stärken, um im intersystemaren Klassenkampf weiter bestehen zu können.
Verglichen mit der straffen Ordnung und Disziplin wirtschaftlicher Abläufe in der DDR sind in der Sowjetunion da etliche Versäumnisse nachzuholen. Doch solange an den alten machtpolitischen Konzeptionen vom kommunistischen Weltsystem festgehalten wird, solange besteht objektiv, wie gezeigt, kein Spielraum für eine neue Wirtschaftspolitik, die diesen Namen zu Recht verdient. Es bliebe dabei, daß die wirtschaftlich relevanten Entscheidungen, so sie für den Machterhalt wesentlich sind, aus der politischen Strategie und damit letztlich aus den Erfordernissen des Systemkampfes und des Weltsozialismus hergeleitet würden.
Auch mit der neuen, ab 1988 gültigen Betriebsverordnung steht in der Sowjetunion der Führungsanspruch der kommunistischen Partei über die maßgeblichen wirtschaftlichen Abläufe, gestützt auf das Staatseigentum an den Produktionsmitteln, nicht zur Disposition. Ebensowenig die Richtlinienkompetenz über die Aufteilung des Volkseinkommens in privaten, öffentlichen und produktiven Konsum. Auch an einer gewissen Planbeauflagung (Direktsteuerung) der Betriebe, dem Außenhandels- und Valutamonopol wie auch der staatlichen Preissetzungsbefugnis soll offensichtlich nicht gerüttelt werden. Vereinzelte Inseln im Meer der zentralstaatlichen Wirtschaftslenkung, wie sie bereits Breschnew in Form spezialisierter, vornehmlich für den Export produzierender Betriebe vorgeschlagen hatte bzw. wie sie sich heute mit Joint Ventures ankündigen, ändern an den Grundlagen wenig.
Über diese Position scheint zwischen der Führung der KPdSU

und der SED Einigkeit zu herrschen. Der internationale Kommunismus kennt seine Grenzen für wirtschaftliche Reformen sehr genau. Deshalb wird die SED ihre internationalistischen Pflichten gegenüber der Sowjetunion auch weiterhin zuverlässig erfüllen. Zu ordnungspolitischen Experimenten besteht für sie kein Anlaß, da sie, machtpolitisch gesehen, über eine funktionierende zentralstaatliche Planwirtschaft gebietet.

Ähnlich nüchtern beurteilen die führenden Wirtschaftswissenschaftler und Manager die Situation der DDR. Schließlich haben sie Erfahrungen mit forschen Reformversuchen. Die destabilisierenden Aktionen und die Folgen des Prager Frühlings von 1968 wie auch die Bewegung der Solidarität in Polen 1980 und 1981 blieben tief in deren Bewußtsein haften. Schließlich durften sie schon mehrmals miterleben, wie und wo Versuche enden, die ordnungspolitische Konzeption des realen Sozialismus zu reformieren, den Herrschaftsanspruch der kommunistischen Parteien über die Kommandohöhen der Wirtschaft durch Liberalisieren, Demonkratisieren oder Dezentralisieren einzudämmen.

Außerdem kennen sie die sowjetische Wirtschaft, deren Potential und Dynamik überwiegend aus eigenem Erleben. Es dürfte unter den erprobten DDR-Wirtschaftskapitänen nur wenige geben, denen der Sinn danach stünde, Führungsaufgaben in der sowjetischen Wirtschaft zu übernehmen. Sie wissen um die schwierigen Bedingungen dieses riesigen Wirtschaftsraumes und können sich sehr wohl vorstellen, wie weit Gorbatschows Spielraum für grundsätzliche Veränderungen reicht.

Um Fehldeutungen der sowjetischen Absichtserklärungen unter den jüngeren, politisch unerfahrenen SED-Mitgliedern zu vermeiden, gibt sich die Führungsspitze selbstbewußt und betont, wie Günter Mittag vor den Generaldirektoren der Industriekombinate anläßlich der Leipziger Frühjahrsmesse 1987, daß man prinzipientreu an marxistisch-leninistischen Theoriepositionen festhalte, sie aber schöpferisch den Bedingungen der DDR entsprechend anwende.

Erich Honecker gar nahm die Debatte um den Jahresabschluß 1987 zum Anlaß, darauf hinzuweisen, die SED habe unter

ihren Bedingungen den Nachweis erbracht, daß deutsche Kommunisten in der Lage seien, eine moderne Volkswirtschaft zu leiten.
Solche vollmundigen Formulierungen erinnern auffällig an das Jahr 1969, als unter der Leitung Günter Mittags und der Schirmherrschaft Walter Ulbrichts das Grundsatzwerk »Politische Ökonomie des Sozialismus und ihre Anwendung in der DDR« veröffentlicht wurde. Damals fühlte sich die sowjetische Führung von so viel öffentlich zur Schau gestelltem DDR-Selbstbewußtsein brüskiert. Das Buch, anfangs Pflichtlektüre und wie ein neues Evangelium behandelt, seine Autoren mit dem »Nationalpreis der DDR« geehrt, verschwand schon ein Jahr später in der Versenkung.
Die Situation scheint sich gewandelt zu haben. Heutzutage druckt die sowjetische Fachpresse sehr wohlwollende Aufsätze über die Funktionsweise der DDR-Wirtschaft, obwohl deren deutsch-deutsche, systemuntypische Sonderbedingungen sattsam bekannt sind. Keine Vorwürfe an die deutschen Genossen in der DDR.
Diese und andere Anzeichen sprechen dafür, daß Moskau mit der DDR-Realität zufrieden ist, gar keine Reformforderungen an Ostberlin hat. Mit dem neuen Denken wollen die Führer des Ostens selbst offensichtlich nichts substantiell Neues probieren und einleiten. Es zielt wohl vor allem darauf ab, die Meinungsträger des Westens zu beeinflussen, deren Haltung gegenüber dem sozialistischen Weltsystem und dessen Führung zu verändern. Doch selbst dazu muß man aufeinander zugehen, miteinander umgehen, sich aus der Sprachlosigkeit und Isolation lösen.
Hierin liegen Chancen wie Risiken zugleich.
Wir haben Berührungsängste nicht nötig. Man muß nur strategisch gerüstet sein.
Einerseits sollten wir im Umgang mit der anderen Seite unmißverständlich vorleben, daß marxistisch-leninistische Gesellschaftsmodelle aus Einsicht und Überzeugung in freiheitlich verfaßten Demokratien nicht mehrheitsfähig sind. In diesem Punkt darf es unter Demokraten keinen Dissens geben. Ideologische Laschheit und Äquidistanz begünstigen nur die trügerischen

Hoffnungen des dogmatischen internationalen Kommunismus, ermutigen weiterhin dessen radikalen Kräfte.
Andererseits muß der östlichen Seite bei aller Bereitschaft zu Wortgefechten immer wieder die Bedeutung vertrauensbildender Maßnahmen, die Beweiskraft der Tatsachen nahegebracht werden. Niemand sollte drüben glauben dürfen, mit verbaler Akrobatik über das neue Denken sei der Westen zu beeindrucken, geschweige zu gewinnen. Wer neues Denken anmahnt, muß Feindbilder zu Hause abbauen, darf nicht Mißtrauen säen und weiter zu Mißverständnissen beitragen. Vom neuen Denken darf es keinen Weg zurück zum dogmatischen Marxismus-Leninismus, zum Kampf der Systeme geben. Jede diesbezügliche Rückversicherung, eine Doppelstrategie gar, entzöge der »Sicherheitspartnerschaft« den Boden.
Drittens ist es unsere Pflicht, aufgeschlossen zu bleiben. Alles, was den Prozeß des neuen Denkens im Osten, beispielsweise in der DDR, befördern könnte, verdient unterstützt zu werden. Unter diesem Aspekt wären Joint Ventures zwischen deutsch-deutschen Unternehmen sicherlich wichtiger als deutsch-russische. Es dürfte der DDR-Führung durchaus schwerer fallen, solche Vorhaben vom übrigen wirtschaftlichen Geschehen abzukoppeln, als der sowjetischen. Die sogenannte Gestattungsproduktion, wie sie beispielsweise mit Salamander oder VW vereinbart wurde, bleibt hinter diesen Absichten zurück. Sie verhindert konkrete Einblicke in die realsozialistische Wirtschaftsführung der DDR und das fundierte Auseinandersetzen mit ihr. Doch nur wenn wir überzeugend und kenntnisreich argumentieren können, sind Dogmatiker und parteiamtliche (idealtypische) Argumentationen zu widerlegen, entstehen Freiräume für neues Denken drüben wie hüben. Diese Offenheit tut not. Es muß möglich sein, die Praxis der Planwirtschaft am Anspruch ihrer Theorie zu messen, sonst fehlen die Voraussetzungen für ernsthaften Austausch von Sachargumenten, für neue Denkansätze.
Neues Denken im Osten, in der SED-Führung und bei deren westlichen Emissären setzt klare Standpunkte und überzeugende praktische wie theoretische Argumente des Westens voraus. Bisher, so will es scheinen, ist das Konzept des neuen Denkens als

Ost-West-Einbahnstraße angelegt. Sind wir darauf vorbereitet, den Gegenverkehr zu eröffnen?

3. Übernahme der ordnungspolitischen Grundlinie der sozialen Marktwirtschaft

Aus dem deutsch-deutschen Vergleich der Wirtschaftssysteme geht eindeutig hervor, daß die soziale Marktwirtschaft den Deutschen in der Bundesrepublik eine höhere Lebensqualität im umfassenden Sinn gewährt als die Zentralverwaltungswirtschaft sowjetischen Typs in der DDR den Deutschen dort. Die Abstände werden größer. Die deutsche Bevölkerung ist sich dessen bewußt. Entgegen der Lebensregel, einen alten Baum besser nicht mehr zu verpflanzen, nehmen weiterhin viele Deutsche aus der DDR nach Erreichen der Altersgrenze ihren Wohnsitz in der Bundesrepublik Deutschland. Andererseits zieht es selbst dauerhaft arbeitslose Deutsche unseres Staates nicht in Scharen in die DDR, obwohl dort die Verfassung ein Recht auf Arbeit anerkennt.

Das sind die ungeschminkten Tatsachen. Sie haben mit Polemik nichts zu tun. Einsichtige könnten fragen: Wozu dann weiterhin Kräfteverschleiß und Bruderzwist im Kampf um die bessere deutsche Alternative? Was sich im Westen Deutschlands bewährte, weshalb könnte das der DDR nicht nützen? Warum sollte sich die SED-Führung solchen Überlegungen verschließen? Wären sie ehrenrührig?

Durchaus nicht. Übernahme der sozialen Marktwirtschaft im Ostblock allgemein und in der DDR im besonderen bedeutete keine historische Niederlage, keine Kapitulation für die Kommunisten, ebensowenig einen Schritt zurück in die Vergangenheit. Denn die soziale Marktwirtschaft ist auch als eine Frucht des jahrhunderte alten Ringens der Menschheit um soziale Gerechtigkeit, an dem sich in diesem Jahrhundert der internationale Kommunismus aktiv beteiligte, zu begreifen. Möglicherweise oder sehr wahrscheinlich sogar gäbe es ohne die Oktoberrevolution von 1917 und ohne den COMECON auch keine Theorie und Praxis der sozialen Marktwirtschaft. Die Vor- und

Nachkriegsereignisse, die geistigen und ebenso einzelne praktische Herausforderungen des Sozialismus haben das soziale Gewissen, die liberale Wirtschaftsordnung der Bundesrepublik Deutschland zweifellos maßgeblich geprägt. Sie begünstigten sogar innerhalb des auf Wettbewerb eingestellten Westens Solidarisierungseffekte, stimulierten seine Kompromißfähigkeit in Grundfragen, trieben die wirtschaftliche Einigung Westeuropas voran.

Das war historisch bewertet verdienstvoll, wenn auch für die Völker jenseits des Eisernen Vorhangs sehr entbehrungs- und opferreich. Doch inzwischen geht diese Mission des Realsozialismus ihrem Ende entgegen. Das soziale Verantwortungsgefühl des Westens, seine Fähigkeit und Bereitschaft zur Solidarität sind vorhanden. Die Sensibilität für soziale Belange wuchs, quer durch alle Parteien, politischen Strömungen und Bevölkerungsschichten. Die »grüne Bewegung«, kein Ergebnis östlicher Vorbilder, trägt zusehends die ganze Gesellschaft, wird zur nationalen Aufgabe, wobei die Einsicht wächst, daß effiziente Volkswirtschaften am ehesten zu wirkungsvollem Umweltschutz fähig sind.

Daraus folgt: Die alten sozialistischen Ideale, die Sozialgebundenheit des Wirtschaftens, die Wirtschaftsethik überhaupt haben ihren Platz in Ländern mit sozialer Marktwirtschaft. Auseinandersetzungen zu diesen Fragen zwischen Politikern oder gesellschaftlich relevanten Gruppen werden um die geeigneten Lösungswege geführt.

In Europa und der Welt bedarf es der Spaltung in zwei konkurrierende Lager nicht, um die allgemeine Friedfertigkeit unter den Völkern aufrechtzuerhalten. Im Zeitalter der Atomwaffen müssen mögliche Interessenkonflikte zwischen den Zentren der Welt, die früher Weltkriege auslösten, letztlich friedlich beigelegt werden, selbst dann, wenn die Sowjetunion nicht mehr kommunistisch regiert würde und kein kommunistisches Weltsystem mehr bestünde. Mit dem zu sichernden Weltfrieden läßt sich heutzutage die Notwendigkeit von Weltmächten und deren Einflußsphären nicht mehr rechtfertigen.

Den Zwang zum Frieden und das deutsche Beispiel vor Augen könnten die Vertreter des internationalen Kommunismus in Legitimationsnöte und ebenso zur Einsicht gelangen, daß der Wettbewerb der Alternativen sich aus zwei Gründen nicht mehr verantworten läßt:

Erstens wegen der wirtschaftlichen Resultate des Ostens selbst, wie der Bedingungen, unter denen sie zustande kommen und unter denen die Menschen dort leben müssen.

Zweitens darf sich die Menschheit die Auseinandersetzung mit den Führern des internationalen Kommunismus, deren Feldzug gegen die wirtschaftlich führenden Nationen nicht mehr leisten. Umgekehrt können die Führer des internationalen Kommunismus ihren Starrsinn wider alle Tatsachen vor der Welt auch nicht mehr verantworten. Wesentlich wichtigere, globalere Probleme harren dringend einer Lösung. Allen voran die Bemühungen, unseren Lebensraum zu erhalten und das Nord-Süd-Gefälle abzubauen

Die brennenden, aktuellen, globalen Aufgaben wie Umwelt, Gesundheit, Ernährung und ausgewogener Handel dringen immer stärker in das Bewußtsein der Weltgemeinschaft, dulden keinen Aufschub, verlangen nach solidarischen Anstrengungen aller latent dazu Fähigen. Hierzu bedarf es des Zusammenwirkens der wirtschaftlich potenten Länder in folgender Richtung: Sie müssen erstens ihre eigene Gütererzeugung nach den Grundsätzen höchster Sparsamkeit und Effizienz organisieren, jedes Vergeuden von Produktionsfaktoren vermeiden. Sie dürfen zweitens nur so viele Naturressourcen dem Stoffkreislauf der Erde entnehmen, wie zur direkten Wohlstandssicherung nötig. Sie müssen sich drittens in die Lage versetzen, größere Teile ihres Volkseinkommens als Hilfe zur Selbsthilfe, gewissermaßen als Lastenausgleich in die dritte und vierte Welt umzuverteilen.

Das Zusammenwirken der relativ wohlhabenden industrialisierten Nordstaaten behindert bisher der Ost-West-Konflikt, der sogenannte friedliche Systemwettstreit. Statt sich zum Nutzen der leidenden Mehrheit der Welt zu verbünden, vergeudet der Norden seine Kräfte in einem aufwendigen politischen und wirtschaftlichen Abnutzungskampf gegeneinander. Ist das noch sittlich zu verantworten?

Unter den kommunistischen Führern könnte in überschaubarer Zeit und bei entsprechendem Verhalten der maßgeblichen Kräfte im Westen die Einsicht reifen, daß weitere Bemühungen um die Effizienzsteigerung realsozialistischer Planwirtschaften weder nötig noch weltweit hilfreich sind. Die Zeit war noch niemals günstiger dafür. Wir sollten diese historische Chance erkennen und wahrnehmen.
Es könnte ein Klima entstehen, das beispielsweise die Bereitschaft der SED-Führung beflügelt, sich eingehend und vorbehaltlos mit dem Mechanismus der sozialen Marktwirtschaft, ihren Vorzügen wie Nachteilen auseinanderzusetzen. Warum nicht auch an den wirtschaftswissenschaftlichen Forschungsinstituten, den Fakultäten der Hochschulen und Universitäten der DDR? Das vereinbarte Kulturabkommen bietet alle Voraussetzungen dafür.
Wir haben nichts zu verbergen noch zu fürchten. Zweifellos funktioniert die soziale Marktwirtschaft der Bundesrepublik Deutschland nicht zu aller Zufriedenheit und noch viel weniger ideal. Dennoch hat sie über Jahrzehnte den praktischen Nachweis erbracht, daß es in Deutschland, für ein relativ großes Volk sehr wohl möglich ist, die Vorzüge weltoffenen, liberalen Wirtschaftens mit weitgehender sozialer Sicherheit für alle zu verbinden. Bisher noch nicht gelöste Probleme können uns deshalb nur ermuntern, ständig über Anpassungsmöglichkeiten nachzudenken, die Wirtschafts- und Gesellschaftsordnung weiter auszugestalten. Hierfür ist Öffnung für neue Ideen und die Erfahrungen anderer geboten.
Ginge es den politisch Verantwortlichen in der DDR in der Tat ausschließlich um die sozialen Ergebnisse realsozialistischen Wirtschaftens, um die Komplexe, die hier behandelt wurden und manche andere dazu, was sollte sie davon abhalten, sich mit der Grundlinie der sozialen Marktwirtschaft anzufreunden und sie zu übernehmen? Wohlgemerkt die Grundlinie, das ordnungspolitische Prinzip. Über die unter den jeweiligen Bedingungen geeigneten Formen der Ausgestaltung müßte man nachdenken, gründlich nachdenken.
Sich dem theoretischen Ansatz und den praktischen Auswirkungen der sozialen Marktwirtschaft zu nähern, das ist für Kommunisten weder eine Frage der wirtschaftlichen Vernunft noch

fehlenden Wissens, sondern ausschließlich eine der politischen Einsicht. Ließe sich das in letzter Zeit erkennbar stärkere Interesse des Ostblocks an Devisen, an wirtschaftlicher wie wissenschaftlich-technischer Zusammenarbeit mit dem Westen nicht schon als unausgesprochenes Anerkennen der Vorzüge der sozialen Marktwirtschaft werten?

Wie gesagt: Die Umstände waren seit Kriegsende noch nie so günstig, um den Verantwortlichen in der Sowjetunion, den übrigen COMECON-Staaten und der DDR die Zwecklosigkeit eines weiteren Systemwettstreits mit den führenden westlichen Industriezentren begreiflich zu machen. Mit vordergründigem Aktionismus dürfte dies allerdings schwerlich gelingen. Der wirtschaftlich überlegene Westen muß dazu den politischen Willen aufbringen. Nicht ohne Grund fordert Außenminister Genscher seit längerem eine abgestimmte Ostpolitik des Westens ein. Der Zeitgeist, die Weltprobleme verlangen unaufschiebbar nach ehrlicher politischer Kooperation der »Nordstaaten« zum Nutzen aller Menschen auf der Welt. Die politische Kooperation wäre eine tragfähige Plattform, um in West und Ost gemeinsam darüber nachzudenken, wie auf der Grundlage der leistungsstarken sozialen Marktwirtschaft den nationalen und weltweiten Anforderungen schnell und am wirkungsvollsten entsprochen werden kann.

Übernahme der Grundlinie der sozialen Marktwirtschaft durch die SED-Führung, muß das für alle Zeiten mit den politischen Intentionen deutscher Kommunisten unvereinbar bleiben? Böten wirtschaftspolitisch gesehen »österreichische Verhältnisse« in der DDR nicht die Aussicht, die deutschlandpolitischen Minimalhoffnungen unseres Volkes mit den Interessen aller Europäer sinnvoll zu verknüpfen?

VIII. Literaturverzeichnis

Hermann Adam: Bausteine der Volkswirtschaftslehre, 7. Auflage, Bund-Verlag, Köln 1980

Helmut Arndt: Irrwege der Politischen Ökonomie — Notwendigkeit einer wirtschaftstheoretischen Revolution, Verlag C.H. Beck, München 1979

Hans Arnold, Hans Borchert, Johannes Schmidt: Ökonomik der sozialistischen Industrie der DDR (Lehrbuch), 7. Auflage, Verlag Die Wirtschaft, Berlin (Ost) 1961

Georg Aßmann, Gunnar Winkler: Zwischen Alex und Marzahn, Dietz Verlag, Berlin (Ost) 1987

Autorenkollektiv: Politische Ökonomie (Lehrbuch), Übersetzung aus dem Russischen, 3. Auflage, Dietz Verlag, Berlin (Ost) 1959

Autorenkollektiv: Politische Ökonomie des Sozialismus und ihre Anwendung in der DDR, Dietz Verlag, Berlin (Ost) 1969

Autorenkollektiv: Sozialistische Betriebswirtschaft im Binnenhandel (Lehrbuch), Verlag Die Wirtschaft, Berlin (Ost) 1975

Autorenkollektiv: Geschichte der Sozialistischen Einheitspartei Deutschlands, Abriß, Dietz Verlag, Berlin (Ost) 1978

Rudolf Bahro: Die Alternative, Europäische Verlagsanstalt, Köln—Frankfurt/Main 1977

Hans D. Barbier, Roland Vaubel: Handbuch der Marktwirtschaft, Neske-Verlag, Pfullingen 1986

Katharina Belwe: Soziale Probleme der Schichtarbeit in der DDR und Lösungsansätze zur Verbesserung ihrer Arbeits- und Lebensbedingungen, Gesamtdeutsches Institut, Bundesanstalt für gesamtdeutsche Aufgaben, Bonn 1985

Hermann von Berg: Die Analyse, Bund-Verlag, Köln 1985

Hermann von Berg: Marxismus-Leninismus, Das Elend der halb deutschen, halb russischen Ideologie, Bund-Verlag, Köln 1986

Hermann von Berg, Franz Loeser, Wolfgang Seiffert: Die DDR auf dem Weg in das Jahr 2000, Bund-Verlag, Köln 1987

Irene Böhme: Die da drüben, sieben Kapitel DDR, Rotbuch Verlag, Berlin 1983

Hans-Jürgen Brandt, Martin Dinges: Kaderpolitik und Kaderarbeit in den »bürgerlichen« Parteien und Massenorganisationen in der DDR, Berlin-Verlag, Berlin 1984

Bundesministerium für gesamtdeutsche Fragen (Hrsg.): Der Kohlenbergbau und die Energiewirtschaft in der SBZ im Jahre 1955 und nach der Planung 1956/60, Bonn 1957

Bundesministerium für gesamtdeutsche Fragen (Hrsg.): SBZ von A bis Z, Bonn 1961

Bundesministerium für innerdeutsche Beziehungen (Hrsg.): Zahlenspiegel Bundesrepublik Deutschland/DDR, 3. Auflage, Bonn 1986
Bundesministerium für innerdeutsche Beziehungen (Hrsg.): Materialien zum Bericht zur Lage der Nation im geteilten Deutschland 1987, Bonn 1987
Dieter Cassel (Hrsg.): Wirtschaftspolitik im Systemvergleich, Verlag Vahlen, München 1984
Werner Cramer: Grundfragen der Theorie der Warenzirkulation bei der Gestaltung der entwickelten sozialistischen Gesellschaft, Verlag Die Wirtschaft, Berlin (Ost) 1977
Redaktion Deutschland Archiv (Hrsg.): Umweltprobleme und Umweltbewußtsein in der DDR, Verlag Wissenschaft und Politik, Köln 1985
Werner Dosch: Marktwirtschaft — Befehlswirtschaft, Verlag Quelle & Meyer, Heidelberg 1960
Willi Ehlert, Diethelm Hundstock, Karlheinz Tannert: Geld und Kredit, Verlag die Wirtschaft, Berlin (Ost) 1985
Walter Eucken: Die Grundlagen der Nationalökonomie, 7. Auflage, Springer Verlag, Berlin 1959
Walter Eucken: Grundsätze der Wirtschaftspolitik, J.C.B. Mohr (Paul Siebeck), Polygraphischer Verlag AG, Tübingen 1952
Eugen Faude, Gerhard Grote, Christa Luft: Sozialistische Außenwirtschaft (Lehrbuch), Verlag Die Wirtschaft, Berlin (Ost) 1984
Karl-Heinz Freitag: Marktwirtschaft — Ethik. Eine ordnungstheoretische Annäherung, Deutscher Instituts-Verlag, Köln 1987
Reinhard Gehlen: Der Dienst, v. Hase und Koehler Verlag, Mainz—Wiesbaden 1971
Gert-Joachim Glaessner: Bürokratische Herrschaft: Konfliktbewältigung in der DDR, Studie Nr. 13, in: Zdenek Mlynar (Hrsg.): Forschungsprojekt Krisen in den Systemen sowjetischen Typs, Köln 1986
Michail Gorbatschow: Perestroika, Die zweite russische Revolution, Droemersche Verlagsanstalt, Th. Knaur Nachf., München 1987
Michail Gorbatschow: Die Rede zum 70. Jahrestag der Oktoberrevolution, Gustav Lübbe Verlag, Bergisch Gladbach 1987
Wolfgang Gößmann: Die Kombinate in der DDR, Berlin-Verlag, Berlin 1987
Hans F. Gross: Fehlgesteuert, ikoo Buchverlag, Berlin 1986
Werner Gruhn, Günter Lauterbach: Energiepolitik und Energieforschung in der DDR, Institut für Gesellschaft und Wissenschaft an der Universität Erlangen—Nürnberg, Erlangen 1986
Gernot Gutmann: Volkswirtschaftslehre, Verlag W. Kohlhammer, Stuttgart, Berlin, Köln, Mainz 1981
Gernot Gutmann, Maria Haendcke-Hoppe (Hrsg.): Die Außenbeziehungen der DDR, Schriftenreihe der Gesellschaft für Deutschlandforschung e.V., Jahrbuch 1980, Edition Meyn, Heidelberg 1981
Gernot Gutmann (Hrsg.): Basisbereiche der Wirtschaftspolitik in der DDR — Geld-, Finanz- und Preispolitik, Schriftenreihe der Gesellschaft für Deutschlandforschung e.V., Band VII, Edition Meyn, Stuttgart 1983
Gernot Gutmann, Siegfried Mampel (Hrsg.): Probleme systemvergleichender Betrachtung, Schriftenreihe der Gesellschaft für Deutschlandforschung e.V., Band XV, Duncker & Humblot, Berlin 1986
Gernot Gutmann (Hrsg.): Methoden und Kriterien des Vergleichs von Wirtschaftssystemen, Schriftenreihe der Gesellschaft für Deutschlandforschung e.V., Band XVIII, Duncker & Humblot, Berlin 1987

Herwig E. Haase: Das Wirtschaftssystem der DDR, Berlin-Verlag, Berlin 1983
Maria Haendcke-Hoppe, Konrad Merkel (Hrsg.): Umweltschutz in beiden Teilen Deutschlands, Schriftenreihe der Gesellschaft für Deutschlandforschung e.V., Band XIV, Jahrbuch 1985, Duncker & Humblot, Berlin 1986
Hannelore Hamel, Helmut Leipold: Wirtschftsreformen in der DDR — Ursachen und Wirkungen, Forschungsstelle zum Vergleich wirtschaftlicher Lenkungssysteme, Fachbereich Wirtschaftswissenschaften, Arbeitsberichte zum Systemvergleich, Nr. 10, Philipps-Universität Marburg, Marburg 1987
Hannelore Hamel: BRD—DDR, Die Wirtschaftssysteme, Verlag C.H. Beck, München 1977
Karl P. Hensel: Einführung in die Theorie der Zentralverwaltungswirtschaft, Schriften zum Vergleich von Wirtschaftsordnungen, Heft 1, Gustav Fischer Verlag, Stuttgart 1954
Institut für Gesellschaftswissenschaften Walberberg e.V. (Hrsg.): Im Gespräch: Wirtschaftsethik — Ausweg aus der Ordnungskrise, Sondernummer »Die neue Ordnung«, Bonn 1986
Gottlob von Justi: Staatswirtschaft oder systematische Abhandlung aller oeconomischen und Cameral-Wissenschaften, die zur Regierung eines Landes erforderlich werden, Verlag Breitkopf, Leipzig 1758
Botho Kirsch: Zwischen Marx und Murx, Dritte Auflage, Verlag A. Fromm, Osnabrück 1984
Hans-Heinrich Kinze, Hans Knop, Eberhard Seifert: Sozialistische Volkswirtschaft (Lehrbuch), Verlag Die Wirtschaft, Berlin (Ost) 1983
Kommission Umweltschutz beim Präsidium der Kammer der Technik (Hrsg.): Stand zur Reinhaltung der Luft, Reihe Technik und Umweltschutz Nr. 29, VEB Deutscher Verlag für Grundstoffindustrie, Leipzig 1984
Kommission Umweltschutz beim Präsidium der Kammer der Technik (Hrsg.): Umweltgestaltung in Produktionsbereichen, Reihe Technik und Umweltschutz Nr. 32, VEB Deutscher Verlag für Grundstoffindustrie, Leipzig 1986
Vera Konieczka, Norbert Kunz, Klaus-Jürgen Scherer: Sozialismus zwischen Ökonomie und Ökologie, Schriftenreihe der Hochschulinitiative Demokratischer Sozialismus, Band 17, Verlag Europäische Perspektiven, Berlin 1984
Victor A. Kravchenko: Ich wählte die Freiheit, Drei Türme Verlag, Hamburg 1947
Heinz Lampert: Die Wirtschafts- und Sozialordnung der Bundesrepublik Deutschland, 6. Auflage, Günter Olzog Verlag, München 1978
Peter J. Lapp: Der Ministerrat der DDR, Westdeutscher Verlag, Opladen 1982
Wladimir I. Lenin: Ausgewählte Werke Band I und II, Dietz Verlag, Berlin (Ost) 1955
Wladimir I. Lenin: Werke, Band 6, Dietz Verlag, Berlin (Ost) 1956
Gerhard Löwenthal: Ich bin geblieben, Herbig Verlagsbuchhandlung, München, Berlin 1987
Peter Ch. Ludz: Deutschlands doppelte Zukunft, Carl Hanser Verlag, München 1974
Harry Maier: Innovation oder Stagnation, Deutscher Instituts-Verlag, Köln 1987
Günter Manz u.a.: Das materielle und kulturelle Lebensniveau des Volkes und seine Planung, Dietz Verlag, Berlin (Ost) 1975
Günter Manz u.a.: Lebensniveau im Sozialismus, Verlag Die Wirtschaft, Berlin (Ost) 1983
Günter Manz, Gunnar Winkler: Sozialpolitik, Verlag Die Wirtschaft, Berlin (Ost) 1985

Werner Matschke: Die industrielle Entwicklung in der Sowjetischen Besatzungszone Deutschlands (SBZ) 1945 bis 1948, Berlin-Verlag 1988

Dennis Meadows: Die Grenzen des Wachstums, Deutsche Verlags-Anstalt, Stuttgart 1972

Günter Mittag: Probleme der Wirtschaftspolitik der Partei bei der Gestaltung des entwickelten gesellschaftlichen Systems des Sozialismus in der DDR, Schriften zur sozialistischen Wirtschaftsführung, Dietz Verlag, Berlin (Ost) 1967

Günter Mittag: Mit höchsten Leistungen den XI. Parteitag vorbereiten, Seminar des ZK der SED am 7.3.1985 in Leipzig, Dietz Verlag, Berlin (Ost) 1985

Günter Mittag: Mit qualitativ neuen Schritten zu höchsten Leistungen, Seminar des ZK der SED am 13. und 14.3.1986 in Leipzig, Dietz Verlag, Berlin (Ost) 1986

Günter Mittag: Kurs der Hauptaufgabe prägt Arbeit der Partei und Handeln der Massen, Seminar des ZK der SED am 12. und 13.3.1987 in Leipzig, Dietz Verlag, Berlin (Ost) 1987

Günter Mittag: Mit der Kraft der Kombinate weiter voran auf dem Weg des XI. Parteitags, Seminar des ZK der SED am 10. und 11.3.1988 in Leipzig, Dietz Verlag, Berlin (Ost) 1988

Herbert Mohry, Hans-Günter Riedel (Hrsg.): Reinhaltung der Luft, VEB Deutscher Verlag für Grundstoffindustrie, Leipzig 1981

Rolf-Dieter Müller: Das Tor zur Weltmacht. Die Bedeutung der Sowjetunion für die deutsche Wirtschafts- und Rüstungspolitik zwischen den Weltkriegen, Harald Boldt Verlag, Boppard a. Rh. 1987

Hans Müller, Karl Reißig: Wirtschaftswunder DDR, Dietz Verlag, Berlin (Ost) 1968

Werner Obst: Reiz der Idee-Pleite der Praxis, Ein deutsch-deutscher Wirtschaftsvergleich, Edition Interfromm, Zürich, Osnabrück 1983

Werner Obst: Der rote Stern verglüht, Moskaus Abstieg, Deutschlands Chance, 3. Auflage, Verlag Langen-Müller-Herbig, München 1987

Rita Ökten: Die Bedeutung des Umweltschutzes für die Wirtschaft der DDR, Berlin-Verlag, Berlin 1986

Spiridon Paraskewopoulos: Konjunkturkrisen im Sozialismus, Schriften zum Vergleich von Wirtschaftsordnungen, Heft 37, Gustav Fischer Verlag, Stuttgart 1985

Jean-Paul Picaper, Günter Oeltze von Lobenthal (Hrsg.): Ist die deutsche Frage aktuell?, Colloquium Verlag, Berlin 1985

Jean-Paul Picaper, Günter Oeltze von Lobenthal (Hrsg.): Die offene deutsche Frage, Colloquium Verlag, Berlin 1987

Pressebüro des XI. Parteitages (Hrsg.): Direktive des XI. Parteitages der SED zum Fünfjahrplan für die Entwicklung der Volkswirtschaft der DDR in den Jahren 1986 bis 1990, Berlin (Ost) 1986

Gerhard Reuscher: Sozialistische Volkswirtschaft (Lehrbuch), 4. Auflage, Verlag Die Wirtschaft, Berlin (Ost) 1986

Gerhard Richter (Hrsg.): Effektivität und Reproduktion, Verlag Die Wirtschaft, Berlin (Ost) 1985

Volker Ronge: Von drüben nach hüben, Verlag 84, Hartmann und Petit, Wuppertal 1985

Hans Rößler (Hrsg.): Beiträge zur sozialistischen Konsumtionsforschung, Band I, Martin-Luther-Universität Halle-Wittenberg, Halle (Saale) 1965

Hans Rößler (Hrsg.): Die Konsumtion im Reproduktionsprozeß, Beiträge zur sozialistischen Konsumtionsforschung, Band II, Martin-Luther-Universität Halle-Wittenberg, Halle (Saale) 1967

Hans Rößler (Hrsg.): Produktion und Konsumtion, Beiträge zur sozialistischen Konsumtionsforschung, Band III, Martin-Luther-Universität Halle-Wittenberg, Halle (Saale) 1974

Fritz Schenk: Das rote Wirtschaftswunder, Seewald Verlag, Stuttgart 1969

Helmut Schmalen: Grundlagen und Probleme der Betriebswirtschaft, 6. Auflage, J.P. Bachem Verlag, Köln 1987

Eberhard Schneider: Moskaus Leitlinie für das Jahr 2000, Günter Olzog Verlag, München 1987

Gernot Schneider, Manfred Tröder: Zur Genesis der Kombinate der zentralgeleiteten Industrie in der deutschen DR, Berichte des Osteuropa-Instituts an der FU Berlin, Reihe Wirtschaft und Recht, Nr. 137, Berlin 1985

Rosemarie Schneider: Innovationen auf dem Gebiet des Eisenbahnverkehrs in der DDR, Analysen der Forschungsstelle für gesamtdeutsche wirtschaftliche und soziale Fragen Nr. 2, Berlin 1987

Karl-Heinz Schroeder: Komplexe Energieversorgung von Territorien, VEB Deutscher Verlag für Grundstoffindustrie, Leipzig 1983

Joseph Schumpeter: Kapitalismus, Sozialismus und Demokratie, 5. Auflage, Francke Verlag, München 1980

Rudolf Schwarzenbach: Die Kaderpolitik der SED in der Staatsverwaltung, Verlag Wissenschaft und Politik, Köln 1976

Wolfgang Seiffert: Das ganze Deutschland, Verlag Piper, München 1986

Adam Smith: An inquiry into the nature and causes of the wealth of nations, R.H. Campbell and A.S. Skinner, Oxford 1976

Werner Sombart: Der moderne Kapitalismus, 3. Auflage, Verlag Duncker & Humblot, München, Leipzig 1919

Bernd Spindler: Versorgung mit Nahrungsgütern, Verbrauch von Lebensmitteln und Probleme der Ernährung der Bevölkerung in der DDR, Gesamtdeutsches Institut, Bundesanstalt für gesamtdeutsche Aufgaben, Bonn 1986

Statistisches Bundesamt (Hrsg.): Datenreport, Zahlen und Fakten über die Bundesrepublik Deutschland, Schriftenreihe der Bundeszentrale für politische Bildung, Band 195, Bonn, Wiesbaden 1983

Statistisches Bundesamt (Hrsg.): Statistisches Jahrbuch 1987 für die Bundesrepublik Deutschland, Verlag W. Kohlhammer, Wiesbaden 1987 und entsprechende Jahrgänge

Staatliche Zentralverwaltung für Statistik (Hrsg.): Statistisches Jahrbuch der DDR bis 1958, VEB Deutscher Zentralverlag, Berlin (Ost) 1956 bis 1959

Staatliche Zentralverwaltung für Statistik (Hrsg.): Statistisches Jahrbuch der DDR 1970 bis 1987. Staatsverlag der DDR, Berlin (Ost) 1970 bis 1987

Wolfgang Stinglwagner: Die Energiewirtschaft der DDR, Gesamtdeutsches Institut, Bundesanstalt für gesamtdeutsche Aufgaben, Bonn 1985

Eckart D. Stratenschulte: 33 Jahre DDR, 33 Fragen, Landeszentrale für politische Bildungsarbeit, Berlin 1983

Karl C. Thalheim: Beiträge zur Wirtschaftspolitik und Wirtschaftsordnung, Duncker & Humblot, Berlin 1965

Karl C. Thalheim: Die Wirtschaftspolitik der DDR im Schatten Moskaus, Sonderauflage für die Landeszentrale für politische Bildungsarbeit Berlin, Hannover 1979

Karl C. Thalheim: Die wirtschaftliche Entwicklung der beiden Staaten in Deutschland, 2. Auflage, Landeszentrale für politische Bildungsarbeit, Berlin 1981

Egon Tuchtfeldt (Hrsg.): Soziale Marktwirtschaft im Wandel, Verlag Rombach, Freiburg 1973

Joachim Türke: Demokratischer Zentralismus und kommunale Selbstverwaltung, Verlag Otto Schwarz & Co., Göttingen 1960

Dieter Voigt: Schichtarbeit und Sozialsystem, Beiträge zur Deutschlandforschung, Band 2, Studienverlag Brockmeyer, Bochum 1986

Armin Volze: Zu den Besonderheiten der innerdeutschen Wirtschaftsbeziehungen im Ost-West-Verhältnis, Deutsche Studien, Vierteljahresheft der Ost-Akademie Lüneburg, Sonderdruck Heft Nr. 83

Michael S. Voslensky: Nomenklatura. Die herrschende Klasse der Sowjetunion, 3. Auflage, Verlag Fritz Molden, Wien, München, Zürich 1980

Lech Walesa: Ein Weg der Hoffnung, Paul Zsolnay Verlag, Wien, Hamburg 1987

Hermann Weber: Kleine Geschichte der DDR, Edition Deutschland Archiv im Verlag Wissenschaft und Politik, Köln 1980

Adolf Wilmut: Analyse der betriebswirtschaftlichen Struktur der volkseigenen Betriebe, Wirtschaftswissenschaftliche Veröffentlichungen des Osteuropa-Instituts an der FU Berlin, Band 7, Duncker & Humblot, Berlin 1958

Artur Woll: Allgemeine Volkswirtschaftslehre, 4. Auflage, Verlag Vahlen, München 1974

N.A. Zagolow: Lehrbuch Politische Ökonomie Sozialismus, Übers. a.d. Russ., Verlag Die Wirtschaft, Berlin (Ost) 1972

ZK der SED und ZV Statistik der DDR (Hrsg.): Erfolgreicher Weg der Gestaltung der entwickelten sozialistischen Gesellschaft, Berlin (Ost) 1986

Politik und Wirtschaft im realen Sozialismus

Hermann von Berg
Marxismus-Leninismus
Das Elend der halb deutschen,
halb russischen Ideologie
Zweite, überarbeitete Auflage

Hermann von Berg, Franz Loeser,
Wolfgang Seiffert
**Die DDR auf dem Weg
in das Jahr 2000**
Politik—Ökonomie—Ideologie
Plädoyer für eine demokratische
Erneuerung

Theodor Bergmann, Peter Gey,
Wolfgang Quaisser (Hrsg.)
Sozialistische Agrarpolitik
Vergleichs- und Einzelstudien
zur agrarpolitischen Entwicklung
in der Sowjetunion, in Polen,
Ungarn, China und Kuba

Wlodzimierz Brus
**Geschichte der Wirtschaftspolitik
in Osteuropa**

Jiří Gruša, Tomas Kosta (Hrsg.)
Prager Frühling — Prager Herbst
Blicke zurück und nach vorn von
Heinrich Böll, Jiří Dienstbier,
Alexander Dubček, Erich Fried,
Günter Grass, Jiří Hájek, Václav
Havel, Eva Kantůrková, Pavel und
Jelena Kohout, Milan Šimečka,
Franz Steinkühler, Ludvík Vaculík,
Heinrich Vormweg

Jiří Kosta
**Wirtschaftssysteme
des realen Sozialismus**
Probleme und Alternativen

Lothar Jung
**»Wir haben begonnen
umzudenken«**
Michail Gorbatschows Reform-
konzept für die UdSSR
Mit einem Vorwort von
Lew Kopelew

Franz Loeser
**Die unglaubwürdige
Gesellschaft**
Quo vadis, DDR?

Thomas Meyer,
Zdeněk Mlynář (Hrsg.)
**Die Krise des Sowjetsystems
und der Westen**
Ökonomie, Ideologie, Politik
und die Perspektiven
der Ost-West-Beziehungen

Zdeněk Mlynář (Hrsg.)
Der »Prager Frühling«
Ein wissenschaftliches Symposion

Zdeněk Mlynář
**Krisen und Krisenbewältigung
im Sowjetblock**

Günter Schubert
Unversöhnt
Polen nach dem Priestermord

Günter Schubert
**Stolz, die Rüstung
der Schwachen**
Polnische Lebensläufe
zwischen Weiß und Rot
Mit 20 Abbildungen

Bund-Verlag